Os yogas tibetanos dos sonhos e do sono

Os yogas tibetanos dos sonhos e do sono

Práticas para despertar

Edição Revisada

TENZIN WANGYAL RINPOCHE

Editado por Mark Dahlby
Prefácio de Dalai Lama

Traduzido por Jeanne Pilli

✷Lúcida Letra
EDITORA INTERDEPENDENTE

Copyright © 1998, 2022 by Tenzin Wangyal
Publicado mediante acordo com a *Shambhala Publications, Inc.* 300 Massachusetts Avenue, Boston, MA 02115 USA

Título original: *The Tibetan yogas of dream and sleep: practices for awakening*

Coordenação editorial
Vítor Barreto

Tradução
Jeanne Pilli

Revisão
Heloísa Pupatto Fiuza de Andrade

Foto da capa/Design da capa
StockByM (iStock)/Daniel Urban-Brown

Adaptação do projeto para esta edição
Mariana Erthal

Dados Internacionais de Catalogação na Publicação (CIP)

W246y   Wangyal, Tenzin.

Os yogas tibetanos dos sonhos e do sono : práticas para despertar / Tenzin Wangyal Rinpoche ; editado por Mark Dahlby ; prefácio de Dalai Lama ; traduzido por Jeanne Pilli. – Ed. rev. – Teresópolis, RJ : Lúcida Letra, 2023.

296 p. : il. ; 23 cm.

Inclui bibliografia.

ISBN 978-65-86133-59-2

1. Ioga - Bön (Religião tibetana). 2. Sonhos - Aspectos religiosos - Bön (Religião tibetana). 3. Sono - Aspectos religiosos - Bön (Religião tibetana). I. Dahlby, Mark. II. Título.

CDU 299.5

Índice para catálogo sistemático:
1. Ioga : Bön (Religião tibetana)   299.5
(Bibliotecária responsável: Sabrina Leal Araujo – CRB 8/10213)

Todos os direitos desta edição são reservados.
© 2023 Editora Lúcida Letra

⁂Lúcida Letra

LUCIDALETRA.COM.BR   EDITORA INTERDEPENDENTE
Tv. Ranulfo Féo, 36 sala - 211 | Várzea - Teresópolis | RJ 25953-650

Este livro é dedicado a Namkhai Norbu Rinpoche, que foi uma grande inspiração em minha vida, tanto na forma como ensino os outros como em minha própria prática.

Sumário

Prefácio do editor à segunda edição..................................17
Prefácio à primeira edição..19
Agradecimentos..25

Introdução..27
    Como receber os ensinamentos.................................30

PARTE UM
A natureza do sonho

1- Sonho e realidade..35
2 - Como a experiência é moldada..................................37
    Ignorância..37
    Ações e resultados: karma e marcas kármicas........39
    Obscurecimentos da consciência 41
    Karma positivo e negativo 42
    Karma negativo...42
    Karma positivo..43
    Como liberar as emoções..44
    Marcas kármicas e sonhos..46

    Os seis reinos da existência cíclica 48
        Reino dos infernos 52
        Reino dos fantasmas famintos 52
        Reino dos animais 53
        Reino dos humanos..54
        Reino dos semideuses 54
        Reino dos deuses...55
    Por que emoção "negativa"?..56

3 - O corpo de energia

Canais e prana 59
Canais (*tsa*) 61
Contradições...62
Prana (*lung*) 64
    Prana kármico 64
    Prana de sabedoria...65
Como equilibrar o prana 66
Prana e mente 66
Chakras 68
Cavalo cego, cavaleiro coxo 69

4 - Resumo: como os sonhos surgem 73

5 - Imagens do Tantra Mãe 75

Metáforas utilizadas nos ensinamentos....................................77

Parte Dois
Tipos e utilização dos sonhos

6 - Três tipos de sonhos..81

Sonhos samsáricos..81

Sonhos de claridade 82

Sonhos de clara luz..84

7 - Utilização dos sonhos..87

Experiências nos sonhos..88

Orientações e diretrizes...88

Adivinhação 91

Ensinamentos em sonhos...93

8 - A descoberta da prática de chöd..97

9 - Dois níveis de prática..103

Parte Três
A prática do yoga dos sonhos

10 - Visão, ação, sonho, morte..109

11 - O calmo permanecer: 113

Zhiné..113

Zhiné com esforço...115

Zhiné natural 116

Zhiné última..117

Obstáculos...118

Agitação 118

Sonolência 118

Lassidão..118

Prática diária...119

12 - As quatro práticas de fundação 121

Primeira prática: modificar as marcas kármicas................121

Segunda prática: eliminar apego e aversão........................124

Terceira prática: fortalecer a intenção 126

Quarta prática: cultivar a memória e o empenho alegre....128
Consistência..129
13 - Preparação para a noite..131
Nove respirações de purificação....................................133
Instruções para as nove respirações..............................134
Primeira sequência de três respirações: Libere o canal branco do veneno da raiva 135
Segunda sequência de três respirações: Libere o canal vermelho do veneno do apego...................................135
Terceira sequência de três respirações: Libere o canal azul do veneno da ignorância................................136
Repouse..137
Guru Yoga..137
A prática..140
Proteção 141
14 - A prática principal..143
Trazer a consciência para o canal central....................145
Prática informal..147
Aumentar a luminosidade 148
Prática informal..150
Fortalecer a presença..151
Prática informal..153
Desenvolver o destemor..154
Prática informal..155
Como integrar a prática..155
Comentários adicionais sobre os elementos da prática 157
Sequência...157
Postura..159
O foco da mente 160

15 - Lucidez	167
Como desenvolver flexibilidade	169
16 - Os obstáculos	177
Perder-se em delusões	177
Lassidão	178
Autodistração	179
Esquecimento	179
Os quatro obstáculos segundo Shardza Rinpoche	180
Seriedade demais	182
17 - Controlando e respeitando os sonhos	183
18 - Práticas simples	185
A mente em vigília	186
Como se preparar para a noite	188
Simplifique a prática	189
Uma prática simples para a vida toda	190
19 - Integração	195
20 - Descrição resumida das práticas de yoga dos sonhos	197
Zhiné	197
As quatro práticas de fundação	197
Modificar as marcas kármicas	197
Eliminar apego e aversão	198
Fortalecer a intenção	199
Cultivar a memória e o empenho alegre	199
Preparação para a noite	199
Nove respirações de purificação	200
Guru yoga	200
Proteção	200
A prática principal	200
Trazer a consciência para o canal central	200

A prática informal 201
Aumentar a luminosidade 201
Fortalecer a presença 202
Desenvolver o destemor 203

Parte Quatro
Sono

21 - O sono e o adormecer 207
22 - Três tipos de sono...209
    Sono de ignorância..209
    Sono samsárico 209
    Sono de clara luz 210
23 - A prática do sono e a prática do sonho................213

Parte Cinco
A prática do yoga do sono

24 - A dakini Seljé Dö Drelma 219
25 - Prática preliminar 223
26 - Prática do sono 225
    Adentrando o sono 227
    Estágios da cessação do engajamento sensorial...227
27 - Tiglé 231
28 - Progresso 233
29 - Obstáculos 235
30 - Práticas de apoio 239

    Mestre..239
    Dakini..239
    Comportamento 240
    Oração 240
    Dissolução 241
    Expansão e contração...242
31 - Integração..245
    Integração da clara luz com os três venenos 245
    Integração com os ciclos do tempo....................................248
        Unificação externa: Integração da clara luz no ciclo de dia e noite..249
        Unificação interna: Integração da clara luz no ciclo do sono..252
        Unificação secreta: Integração da clara luz com o bardo 253
        As três unificações: Conclusão 255
32 - Continuidade 257

Parte Seis
Elaborações

33 - Contexto..261
34 - Mente e rigpa...263
    A mente conceitual 263
    Rigpa 264
    Rigpa da base e rigpa do caminho 265
35 - A base: kunzhi 267
    Mente e matéria 268

36 - Cognoscência 269
37 - Reconhecer a claridade e a vacuidade 271
      Discriminação 272
38 - Eu 273

Considerações finais 277
Glossário 281
Obras tibetanas consultadas 289
Sobre o autor 291

THE DALAI LAMA

Tenzin Wangyal, geshe do Yungdrung Bön, escreveu um livro chamado *Os yogas tibetanos dos sonhos e do sono*. Alegro-me por ter sido traduzido em muitos idiomas, introduzindo o tema a muitos países, principalmente no Ocidente. Como o Dharma tibetano está assumindo novas formas em vários países ocidentais, é da maior importância que nesses países as pessoas se concentrem no hábito adequado de unir estudo e prática a fim de estabelecer as melhores oportunidades para ensinar e aprender o Dharma. Portanto, há uma necessidade especial de apresentações gerais da base, caminho e fruição, bem como da visão, meditação e ação que estão presentes nos próprios textos do Bön. Formulo a aspiração de que, a partir disso, esta composição que aponta as práticas do sonho e do sono sirvam de apoio para os ensinamentos do Bön e que vastas ondas de benefícios surjam para muitas pessoas.

9 de fevereiro de 2022

Prefácio do editor à segunda edição

Em 2020, no início da pandemia da COVID-19, Nikko Odiseos da Shambhala Publications enviou um e-mail a Tenzin Wangyal Rinpoche sugerindo uma segunda edição do livro *The Tibetan Iogas of Dream and Sleep*, que pudesse conter algum material novo ou um novo capítulo. Porém, o livro acabou sendo reescrito.

A primeira edição surgiu a partir de ensinamentos orais dados pelo Rinpoche na Califórnia e no Novo México e foi escrita durante vários anos, desde meados dos anos 90. Foi publicada pela Snow Lion em 1998, traduzida para vinte e cinco idiomas e outros tantos foram solicitados.

A segunda edição incorpora ensinamentos oferecidos em retiros online aos participantes em vários países durante a pandemia, em 2020 e 2021.

Tenzin Wangyal Rinpoche começou a ensinar no Ocidente em 1988. Desde então, tem ensinado a milhares de estudantes, tanto presencialmente em muitos países como, cada vez mais, por transmissões online para alcançar estudantes em diferentes partes do mundo, em diferentes fusos horários e que falam diferentes idiomas. A essência dos ensinamentos do Rinpoche é o Dzogchen; e isso não mudou. Mas, com o tempo, em resposta às perguntas de seus alunos, ele foi ajustando a forma como articula os ensinamentos para torná-los mais claros e mais acessíveis. Essa mudança foi integrada a esta edição. As alterações com respeito à primeira edição estão destacadas, caso sejam alterados os passos de alguma prática ou se exigirem explicação. Excetuando correções na pontuação e no emprego das palavras, a seção de yoga do sono não sofreu mudanças.

O primeiro uso da maioria das palavras tibetanas e sânscritas está em itálico, indicando que elas serão encontradas no glossário aprimorado no final do livro.

Prefácio à primeira edição

Um ditado tibetano bem conhecido afirma: "Deve-se explicar a linhagem e a história para eliminar a dúvida sobre a autenticidade do ensinamento e da transmissão". Portanto, inicio este livro com uma pequena história da minha vida.

Nasci pouco tempo depois de meus pais fugirem da opressão chinesa no Tibete. As condições eram difíceis e meus pais me colocaram em um internato cristão, com a esperança de que lá eu fosse cuidado. Meu pai era um lama budista e minha mãe uma praticante do Bön. Algum tempo depois, meu pai faleceu. Por fim, minha mãe se casou novamente com um homem que era um lama do Bön. Tanto ele quanto minha mãe queriam que eu vivesse em minha própria cultura e, então, quando eu tinha dez anos de idade, fui levado para o principal monastério do Bön em Dolanji, Índia, e ordenado como monge. Depois de viver no monastério por algum tempo, fui reconhecido pelo Lopon (professor líder) Sangye Tenzin Rinpoche como a reencarnação de Khyungtul Rinpoche, um renomado erudito, professor, autor e mestre de meditação. Ele era bem conhecido como mestre astrólogo. No Tibete ocidental e no norte da Índia, ele era famoso como um domador de espíritos selvagens e era muito procurado como curandeiro com habilidades mágicas. Um de seus patronos era um rei local de Himachal, no norte da Índia. O rei e sua esposa, incapazes de ter filhos, pediram a Khyungtul Rinpoche que os curasse, e ele os curou. O filho que eles deram à luz e criaram, Virbhadra Singh, tornou-se o 4º Ministro Chefe do Himachal Pradesh.

Quando eu tinha treze anos, meu bondoso mestre raiz, Lopon Sangye Tenzin, um homem de grande conhecimento e realização, preparou-se para oferecer os ensinamentos mais importantes e esotéricos da religião Bön: a linhagem da Grande Perfeição (Dzogchen) da Transmissão Oral de Zhang Zhung (Zhang zhung nyan gyud). Embora eu ainda fosse jovem, meu padrasto visitou Lopon Rinpoche e pediu que eu fosse admitido para receber os ensinamentos, que aconteceriam todos os dias durante três anos. Lopon gentilmente concordou, mas pediu que eu, juntamente com os outros possíveis alunos, lhe trouxéssemos um sonho da noite anterior ao início dos ensinamentos para que ele pudesse avaliar nossa aptidão.

Alguns alunos não se lembravam de nenhum sonho, e isso foi considerado um sinal de obstáculos. Lopon fez com que eles começassem as práticas de purificação e postergou o início dos ensinamentos até que cada um dos alunos tivesse um sonho. Os sonhos de outros alunos foram tomados como indicações de que eles precisavam fazer práticas específicas de preparação para os ensinamentos como, por exemplo, práticas que fortalecessem suas conexões com os guardiões do Bön.

Eu sonhei com um ônibus que circum-ambulava a casa do meu professor, embora, na verdade, não houvesse nenhuma estrada ali. No sonho, o condutor do ônibus era meu amigo, e eu estava ao seu lado, entregando as passagens para cada pessoa que entrava no ônibus. Os bilhetes eram pedaços de papel onde estava escrita a sílaba tibetana A. Isso aconteceu no segundo ou terceiro ano de minha educação em Dolanji. Na época, eu não sabia que a sílaba A era um símbolo de grande significado nos ensinamentos do Dzogchen. Meu professor nunca disse nada sobre o sonho, que era a forma como ele agia. Ele fez poucos comentários sobre o quanto aquilo era bom, mas eu estava feliz desde que me fosse permitido receber os ensinamentos.

É comum, nas tradições espirituais tibetanas, que os sonhos dos alunos sejam utilizados pelo professor para determinar se é apropriado que aquele aluno receba um determinado ensinamento. Embora isso tenha acontecido algum tempo antes de eu começar a estudar e a praticar o yoga dos sonhos, este incidente foi o início do meu interesse pelos sonhos. Fiquei fortemente impressionado com o quanto o sonho é valorizado na cultura tibetana e na religião Bön, e como a informação que vem do inconsciente tem muitas vezes maior valor do que a informação que a mente consciente pode fornecer.

Tenzin Wangyal Rinpoche, com dez anos de idade, com S.E. Yongdzin Lopon Tenzin Namdak Rinpoche e S.E. Lungtok Tenpai Nyima, o 33º abade do Monastério Menri.

Depois de três anos recebendo ensinamentos, incluindo numerosos retiros de meditação com meus colegas praticantes, bem como muitos retiros solitários, entrei na Escola de Dialética Monástica. O programa de estudo normalmente leva de nove a treze anos para ser concluído e abrange todo o treinamento tradicional. Foram ensinadas as matérias acadêmicas comuns, como gramática, sânscrito, poesia, astrologia e arte, e também aprendemos as matérias incomuns: epistemologia, cosmologia, sutra, tantra e Dzogchen. Durante o treinamento monástico, fui exposto a uma série de ensinamentos sobre sonhos e recebi as transmissões necessárias para estudá-los e praticá-los. Os ensinamentos mais importantes eram baseados nos textos do Zhang Zhung Nyan Gyud, o *Tantra Mãe*, e de Shardza Rinpoche.

Eu me saí bem nos estudos e, quando tinha dezenove anos, me pediram para começar a ensinar outras pessoas. Na mesma época, escrevi e publiquei um resumo da biografia de Shenrab Miwoche, o fundador da religião Bön. Mais tarde, me tornei presidente da Escola de Dialética e durante quatro anos estive muito envolvido na formação e no desenvolvimento da escola. Em 1986, recebi o diploma de geshe, o mais alto grau concedido na educação monástica tibetana.

Em 1989, a convite da Comunidade Dzogchen de Namkhai Norbu Rinpoche, na Itália, viajei para o Ocidente. Não tinha planos de ensinar, mas fui convidado a fazê-lo por membros da comunidade. Um dia, estava distribuindo pequenos pedaços de papel para serem usados em uma meditação de concentração. Em cada pedaço de papel estava escrita a sílaba tibetana *A*. Naquele momento, o sonho de quinze anos atrás, no qual eu entregava o mesmo papel para as pessoas que entravam no ônibus, voltou à minha mente. Foi como se essa lembrança tivesse batido na minha cabeça.

Permaneci no Ocidente e, em 1991, recebi uma bolsa Rockefeller para fazer pesquisas na Rice University. Em 1993, publiquei meu primeiro livro no Ocidente, *The Wonders of the Natural Mind* (*As Maravilhas da Mente Natural*), no qual procurei apresentar os ensinamentos da Grande Perfeição (Dzogchen) de uma maneira clara e simples. Em 1994, recebi uma bolsa do *National Endowment for the Humanities* (Fundo Nacional para as Ciências Humanas) para prosseguir a pesquisa sobre os aspectos lógicos e filosóficos da tradição Bön em colaboração com a professora Anne Klein, diretora de Estudos Religiosos da Universidade de Rice.

Portanto, meu lado acadêmico continuou se manifestando, mas a prática é sempre mais importante e, durante todo esse tempo, tive interesse pelos sonhos e pela prática dos sonhos. Meu interesse não é apenas teórico. Tenho confiado na sabedoria dos meus sonhos, influenciado desde jovem pelas experiências dos sonhos dos meus professores e de minha mãe e pelo uso dos sonhos na tradição Bön, e tenho praticado yoga dos sonhos intensamente durante os últimos dez anos. Todas as noites, quando me deito, me sinto livre. O tumulto do dia chegou ao fim. Em algumas noites a prática é bem sucedida, e em outras não. Isso é de se esperar até que a prática esteja muito avançada. No entanto, deito-me quase todas as noites com a intenção de realizar a prática dos sonhos. É a partir da minha própria experiência com a prática, e a partir dos três textos destacados anteriormente, que ofereço os ensinamentos deste livro.

O yoga dos sonhos é um apoio fundamental na minha própria prática, e o mesmo tem ocorrido para muitos e muitos mestres e yogues do Tibete. Por exemplo, a vida de Shardza Rinpoche sempre me impressionou muito. Ele foi um grande mestre tibetano que, quando morreu em 1934, alcançou o corpo de luz (*jalus*), um sinal de realização completa. Durante sua vida, ele teve muitos alunos realizados, escreveu muitos textos importantes e trabalhou para o benefício do país em que viveu. É difícil imaginar como ele poderia ter sido tão produtivo em sua vida externa, dando conta das muitas responsabilidades e dos longos projetos que empreendeu em benefício de outros e, ainda assim, ter sido capaz de atingir tamanha realização através da prática espiritual. Ele conseguiu fazer isso porque não era um escritor durante parte do dia, professor durante outra parte, e praticante durante as poucas horas que restavam. Sua vida toda era prática, quer ele estivesse sentado em meditação, escrevendo, ensinando ou dormindo. Ele relatou que a prática dos sonhos era de importância central em sua jornada espiritual e fundamental para sua realização. Isto também pode ser verdade para nós.

Tenzin Wangyal Rinpoche

Agradecimentos

Quero agradecer às pessoas que foram fundamentais para que este livro fosse publicado pela primeira vez. Antes de mais nada, e mais importante, Mark Dahlby, meu aluno e grande amigo, com quem gostei muito de trabalhar. Passamos muitas horas discutindo diferentes assuntos nos cafés de Berkeley. Sem ele, este livro não teria sido possível.

Além disso, Steven D. Goodman, um colega e amigo, aprimorou o manuscrito através de inúmeras boas sugestões; Sue Ellis Dyer e Chris Baker fizeram sugestões de edição a uma versão inicial do livro; Sue Davis e Laura Shekerjian contribuíram lendo uma versão posterior do texto e oferecendo sugestões; e Christine Cox da Snow Lion Publications trouxe sua grande habilidade como editora experiente para o texto e o transformou em um livro muito melhor.

As fotografias das posturas de meditação e do yoga dos sonhos na primeira edição foram tiradas por Antonio Riestra e Luz Vergara foi a modelo. As ilustrações dos chakras foram criadas por Monica R. Ortega. Também quero agradecer a todos aqueles que não nomeei, mas que ajudaram de muitas maneiras diferentes.

Quanto à segunda edição, agradeço a Mark Dahlby, que foi novamente o editor. Agradeço a Laura Shekerjian que leu o manuscrito e ofereceu sugestões bastante úteis. A Kurt Keutzer por corrigir as transliterações no glossário e melhorar e esclarecer os verbetes. À Shambhala Publications, particularmente a Nikko Odiseos por sugerir a nova edição, Tucker Foley por gerenciar o projeto e Karen Steib por melhorar quase todas as páginas enquanto revisava o manuscrito.

Introdução

Nós passamos um terço de nossas vidas dormindo. Não importa o que façamos, o quão virtuosas ou não virtuosas sejam nossas atividades, se somos assassinos ou santos, monges ou libertinos, todos os dias terminam da mesma forma. Fechamos nossos olhos e nos dissolvemos na escuridão. Fazemos isso sem medo, ainda que tudo aquilo que conhecemos como "eu" desapareça. Depois de um breve período, surgem imagens, e a nossa sensação de "eu" surge com elas. Existimos novamente no mundo aparentemente sem limites do sonho. Todas as noites participamos desse profundo mistério, passando de uma dimensão de experiência para outra, perdendo e reencontrando a nossa noção de "eu", e achamos tudo isso muito natural. Acordamos de manhã e continuamos a vida "real", mas, em um certo sentido, ainda estamos dormindo e sonhando. Os ensinamentos nos dizem que podemos continuar nesse estado deludido semelhante ao sonho, dia e noite, ou podemos despertar.

Quando nos dedicamos aos yogas do sono e dos sonhos, passamos a fazer parte de uma longa linhagem. Por muitos séculos, homens e mulheres têm se dedicado a essas mesmas práticas, enfrentado as mesmas dúvidas e obstáculos que nós, e obtido os mesmos benefícios que nós podemos obter. Muitos grandes lamas e yogues realizados adotaram as práticas de yogas do sono e dos sonhos como principais e, através delas, atingiram a realização. Refletir sobre essa história e relembrar as pessoas que dedicaram suas vidas aos ensinamentos – nossos ancestrais espirituais que através desses ensinamentos nos entregam os frutos de sua prática – gera fé e gratidão à tradição.

Alguns mestres tibetanos podem achar estranho que eu ensine essas práticas aos ocidentais que ainda não completaram certas práticas preliminares. Os ensinamentos eram tradicionalmente secretos, como um sinal de respeito e como uma proteção contra a degeneração decorrente da incompreensão de praticantes despreparados. Eles nunca foram ensinados publicamente ou oferecidos de maneira informal, mas eram reservados para indivíduos preparados para recebê-los.

As práticas não são menos eficazes e valiosas do que eram no passado, mas as condições no mundo mudaram e, por isso, estou tentando algo diferente. Espero que ao ensinar o que é eficaz, de maneira aberta e simples, a tradição seja melhor preservada e mais pessoas possam se beneficiar dela. Mas é importante respeitar os ensinamentos, tanto para protegê-los quanto para avançarmos em nossa própria prática. Por favor, procure receber a transmissão direta desses ensinamentos de um professor autêntico. É muito bom ler sobre esses yogas, mas melhor ainda é receber a transmissão oral, pois isso cria uma conexão mais forte com a linhagem. Além disso, é fácil encontrar obstáculos no caminho que podem ser difíceis de superar por conta própria, mas um professor experiente pode identificá-los e ajudar a removê-los. Esse é um ponto importante que não deve ser esquecido.

Nossas vidas humanas são preciosas. Temos corpos e mentes perfeitos com pleno potencial. É possível que tenhamos encontrado professores e recebido ensinamentos, desfrutando da liberdade de seguir o caminho espiritual. Sabemos que a prática é essencial para a jornada espiritual, bem como para nossa aspiração de ajudar os outros. Também sabemos que a vida passa rapidamente e que a morte é certa, mas em nossas vidas ocupadas achamos difícil praticar tanto quanto gostaríamos. Talvez meditemos durante uma ou duas horas por dia, mas restam as outras vinte e duas horas para nos distrairmos e nos atirarmos nas ondas do *samsara*. Mas sempre há tempo para dormir. A terça parte das nossas vidas que passamos dormindo pode ser um tempo para praticar.

O tema principal deste livro é a possibilidade de cultivar uma maior consciência durante cada momento da vida por meio da prática. Fazendo isso, a liberdade e a flexibilidade aumentam continuamente pois somos menos governados pelas preocupações e pelas distrações habituais. Desenvolvemos uma presença estável e vívida que nos permite escolher respostas positivas para o que quer que surja, respostas que podem trazer mais benefício aos outros e à nossa própria jornada espiritual. Com o tempo, desenvolvemos uma continuidade da lucidez que nos permite manter a consciência durante o sonho, bem como no período de vigília. Assim somos capazes de responder aos fenômenos dos sonhos de maneira criativa e positiva e podemos realizar várias práticas durante o sonho. Quando desenvolvemos plenamente essa capacidade, descobrimos que estamos vivendo a vida durante a vigília e durante o sonho com mais tranquilidade, conforto, clareza e apreciação. Também estaremos nos preparando para alcançar a liberação no estado intermediário (*bardo*) após a morte.

Os ensinamentos nos fornecem muitos métodos para melhorar a qualidade da vida comum. Isso é bom; esta vida é importante. Mas o propósito supremo desses yogas é nos levar à liberação. Para isso, este livro fornece ao praticante um manual de prática, um guia para os yogas das tradições budistas Bön do Tibete que usam o sonho para alcançar a liberação das delusões da vida comum e usam o sono para despertar da escuridão da ignorância. Para utilizar o livro da maneira mais eficaz, estabilize a mente através da prática de *zhiné*, explicada na Parte 3. Comece pelas práticas básicas e dedique tempo a elas, integrando-as à sua vida. Quando achar que chegou o momento, passe para as práticas principais. Se for possível, estabeleça uma conexão com um professor qualificado. Isso é bastante útil.

Leve o tempo que for necessário para obter os resultados. Não há pressa. Vagueamos pelo samsara por um tempo imensurável. Ler outro livro e depois esquecer tudo não mudará sua vida. Mas se seguirmos essas práticas até o fim, despertaremos para a nossa natureza primordial, a própria iluminação.

Se não pudermos permanecer presentes durante o sono, se nos perdermos todas as noites, que chance teremos de manter a consciência quando a morte chegar? Se entramos em nossos sonhos e interagimos com as imagens da mente como se elas fossem reais, não devemos esperar pela liberação no estado pós-morte. Observe sua experiência nos sonhos e saberá como vai se sair na morte. Olhe para sua experiência no sono e descobrirá se está realmente desperto ou não.

Como receber os ensinamentos

A melhor abordagem para receber ensinamentos espirituais orais e escritos é "ouvir, concluir e experienciar". Se a aprendizagem for abordada dessa forma, o processo será contínuo e incessante. Mas se o processo ficar apenas no nível do intelecto, isso poderá se tornar uma barreira para a prática. Quanto a ouvir ou receber os ensinamentos, o bom aluno é como uma parede recoberta por cola; quando as folhas são jogadas contra ela ficam coladas. Um aluno mais fraco é como uma parede seca; tudo que é atirado contra ela desliza até o chão. Quando os ensinamentos são recebidos, eles não devem ser perdidos ou desperdiçados. Em vez disso, mantenha os ensinamentos em mente e trabalhe com eles. Os ensinamentos que não são compreendidos profundamente são como folhas jogadas contra a parede seca. Elas caem no chão e são esquecidas. Concluir significa compreender plenamente o que é ensinado, ter certeza do significado do ensinamento e de como aplicá-lo na prática. É como trazer luz para uma sala escura; o que estava obscuro se torna claro. É algo que sabemos e não algo que meramente ouvimos falar. Por exemplo, ouvir dizer que uma tigela em uma sala escura está cheia de sal é abstrato. Não conseguimos ver o sal. Quando a luz se acende, podemos vê-lo diretamente; podemos olhar para a tigela e ter certeza de que ela está cheia de sal. O ensinamento não é mais algo que apenas só conseguimos repetir; sabemos que é verdade.

"Experienciar" ou "colocar em prática" significa transformar o que foi conceitualmente compreendido – o que foi recebido, ponderado e tornado significativo – em experiência direta. Esse processo é análogo ao de provar o sal. Pode ver ou falar a respeito do sal, sua natureza química pode ser compreendida e assim por diante, mas a experiência direta é provar o sal. Essa experiência não pode ser aprendida intelectualmente e não pode ser transmitida por palavras. Se tentarmos explicar o gosto do sal a alguém que nunca provou sal, ele não será capaz de entender a nossa experiência. Mas quando falamos sobre isso a alguém que teve a experiência, então ambos sabemos o que está sendo mencionado. O mesmo acontece com os ensinamentos.

É assim que aplicamos os ensinamentos: ouvimos ou lemos os ensinamentos, estudamos o suficiente para termos certeza do significado e, depois, realizamos o significado através da experiência direta.

No Tibete, peles de couro novas são colocadas ao sol e esfregadas com manteiga para ficarem mais macias. O praticante iniciante é como o couro novo, resistente e duro, com visões estreitas e rigidez conceitual.

Os ensinamentos (Dharma) são como a manteiga, esfregada através da prática, e o sol é como a experiência direta. Quando ambos são aplicados, o praticante se torna suave e flexível. Mas a manteiga também deve ser armazenada em bolsas de couro. Quando a manteiga é deixada em uma bolsa por alguns anos, o couro da bolsa se torna duro como madeira, e não amolece por mais que se adicione manteiga nova. Uma pessoa que passa muitos anos estudando os ensinamentos, intelectualizando muita coisa com pouca experiência de prática, é como esse couro endurecido. Os ensinamentos podem amaciar a pele dura da ignorância e do condicionamento, mas quando ficam armazenados no intelecto e não são esfregados no praticante pela prática e aquecidos pela experiência direta, sua compreensão intelectual pode se tornar rígida e endurecida. Devemos ter cuidado para não armazenar os ensinamentos apenas como compreensão conceitual para que não se torne um bloqueio à sabedoria. Os ensinamentos não são ideias a serem colecionadas e, sim, um caminho a ser seguido.

Parte Um

A natureza do sonho

Capítulo 1

Sonho e realidade

Todos nós sonhamos, quer nos lembremos de ter sonhado ou não. Sonhamos desde que éramos bebês e continuamos sonhando até morrer. Todas as noites entramos em um mundo desconhecido. Podemos nos parecer com nós mesmos ou com alguém completamente diferente. Encontramos pessoas que conhecemos ou não, que estão vivas ou mortas. Voamos; encontramos seres não humanos; temos experiências felizes; rimos; choramos; e podemos ficar assustados, entusiasmados ou inspirados. No entanto, geralmente prestamos pouca atenção a essas experiências tão extraordinárias. Muitos ocidentais que se aproximam dos ensinamentos têm ideias sobre os sonhos que são baseadas na teoria psicológica; mais adiante, quando se interessam em utilizar os sonhos em suas vidas espirituais, eles geralmente se concentram no conteúdo e no significado dos sonhos. Raramente a natureza do próprio sonhar é investigada. Quando isso é feito, a investigação conduz aos processos misteriosos que estão por trás de toda a nossa existência, não apenas da nossa vida nos sonhos.

O primeiro passo na prática dos sonhos é simples: é preciso reconhecer o potencial que os sonhos podem oferecer para a jornada espiritual. Normalmente, um sonho é considerado "irreal", ao contrário de uma vida "real" da vigília. Mas a vida da vigília, também, é como um sonho. Passamos a maior parte do nosso tempo de vigília nos sonhos da mente em movimento. É por isso que o yoga dos sonhos se aplica à experiência como um todo, aos sonhos da noite e aos sonhos do dia.

Capítulo 2

Como a experiência é moldada

Ignorância

Toda experiência, incluindo o sonho, é moldada pela ignorância. Esta é uma afirmação assustadora para os ocidentais, portanto, primeiro vamos entender o que significa "ignorância" (*ma-rigpa*).

A tradição tibetana diferencia dois tipos de ignorância: a ignorância intrínseca e a ignorância cultural. A ignorância intrínseca é a base do samsara e a característica que define os seres comuns. É a ignorância com respeito à nossa verdadeira natureza e à verdadeira natureza do mundo, que resulta em um emaranhamento com as delusões da mente dualista.

O dualismo reifica as polaridades e as dicotomias. Ele fragmenta a experiência perfeitamente integrada em isto e aquilo, certo e errado, você e eu. Com base nessas divisões conceituais, desenvolvemos preferências que se manifestam como apego e aversão, as respostas habituais à vida que compõem a maior parte do que identificamos como nós mesmos. Queremos isto, não aquilo; acreditamos nisto, não naquilo; respeitamos isto e desprezamos aquilo. Queremos prazer, conforto, riqueza, respeito e amor; e tentamos escapar da dor, da pobreza, da vergonha e do desconforto. Queremos uma experiência diferente daquela que estamos tendo, ou queremos nos agarrar a uma determinada experiência e impedir as mudanças inevitáveis que levarão à sua cessação.

Crenças, preferências e aversões se institucionalizam em uma cultura e são codificadas em sistemas de valores. Por exemplo, na Índia, os hindus acreditam que é errado comer carne de vaca, mas é aceitável comer carne de porco. Os muçulmanos acreditam que é apropriado comer carne de vaca, mas são proibidos de comer carne de porco. Os tibetanos comem ambas. Quem está certo? Os hindus acham que têm razão, os muçulmanos acham que têm razão, os tibetanos acham que têm razão. Essas diferenças surgem de propensões coletivas e de crenças enraizadas na cultura, não da sabedoria fundamental.

A ignorância cultural é desenvolvida e preservada nas tradições. À medida que crescemos e aprendemos sobre o mundo, naturalmente nos apegamos a diversas crenças, a um partido político, a um sistema médico, a uma religião e a opiniões sobre como as coisas são e deveriam ser. Grande parte de nossa educação reforça o hábito de ver o mundo através de uma determinada lente, assim como as notícias que lemos e a mídia que consumimos. Nós nos apegamos até mesmo a pequenas coisas, como uma marca de roupa, um gênero de música, sentar em uma determinada cadeira e, muitas vezes, pensamos que nossas preferências são "melhores". Em uma escala maior, desenvolvemos religiões, governos, filosofias e psicologias concorrentes.

Nada disso seria um problema se aceitássemos as diferenças, mas muitas vezes não aceitamos. Os fãs do esporte podem irromper em raiva uns contra os outros por torcerem por um time em vez de outro. Os adeptos de um partido político se enfurecem com um partido político diferente. Religiões entram em guerra umas com as outras por acreditarem em coisas diferentes; até mesmo facções diferentes de uma mesma religião têm guerreado umas contra as outras.

Ignorância não é "ruim". É como as coisas são. A ignorância é simplesmente um obscurecimento da consciência: condená-la é como se zangar com as nuvens por bloquearem o sol. Preferências e aversões levam a guerras, mas também a ações humanitárias; a armas e a tecnologias úteis, a medicamentos e às artes, à ganância e à corrupção, à crueldade e à gentileza. Enquanto não atingirmos a iluminação, faremos parte disso. E está tudo bem. Há um ditado tibetano que diz: "Quando estiver no corpo de um burro, desfrute do sabor da grama". Aprecie e valorize esta vida porque é a vida que você está vivendo. Ela está repleta de beleza e de possibilidades, incluindo a possibilidade da iluminação.

Ações e resultados: karma e marcas kármicas

O sofrimento está enraizado em nossas mentes. Colocamos a culpa da nossa infelicidade na situação e acreditamos que seríamos felizes se pudéssemos mudar nossas circunstâncias. Mas a situação em que nos encontramos é apenas a causa secundária do nosso sofrimento. A causa primária é a ignorância intrínseca e o desejo resultante de que as coisas sejam diferentes do que são. Carregamos conosco a raiz do sofrimento, a ignorância sobre a nossa verdadeira natureza, para onde quer que formos.

Talvez tomemos a decisão de escapar das tensões da cidade nos mudando para o litoral ou para as montanhas. Ou podemos trocar o isolamento e as dificuldades do interior pela agitação da cidade. A mudança pode ser boa porque as causas secundárias são alteradas e podemos encontrar um pouco de contentamento. Mas apenas por um tempo. A raiz do nosso descontentamento se muda conosco para a nossa nova casa; a partir dela, crescem novas insatisfações. Em breve estaremos novamente presos à turbulência da esperança e do medo.

Ou podemos pensar que ter mais dinheiro, um parceiro melhor, ou um corpo melhor ou um trabalho melhor nos fará felizes. Mas se formos honestos com nós mesmos, sabemos que isso não vai durar. Os ricos não estão livres do sofrimento, um novo parceiro nos desagradará de alguma forma, o corpo envelhecerá, o novo emprego se tornará menos interessante. Quando pensamos que a solução para a infelicidade será encontrada no mundo externo, estamos procurando no lugar errado. Encontramos felicidade, mas ela passa. Essa constante insatisfação não só nos impede de encontrar contentamento e felicidade em nossa vida cotidiana, como também nos distrai do caminho espiritual. Lançados para cá e para lá pelos nossos desejos em constante mudança, somos governados pelo nosso karma e plantamos continuamente as sementes de futuros frutos kármicos.

Karma significa "ação" em sânscrito. *Marcas kármicas* são os resultados de ações que permanecem na consciência mental, influenciando nosso futuro. Podemos compreender parcialmente as marcas kármicas se pensarmos nelas como tendências presentes no inconsciente. São inclinações, padrões de comportamento interno e externo, reações enraizadas, conceitualizações habituais. Elas ditam nossos hábitos emocionais característicos e nossa rigidez intelectual. Elas condicionam cada reação que normalmente temos frente a cada elemento da experiência.

Veja aqui um exemplo de traço kármico em uma dimensão grosseira, embora a mesma dinâmica exista na experiência mais sutil. Um homem cresce em uma casa em que há muita briga. Trinta ou quarenta anos depois de sair de casa, caminhando por uma rua, ele passa por uma casa em que as pessoas estão discutindo em voz alta. Nessa noite, ele tem um sonho no qual está brigando com sua esposa ou parceira. Quando acorda pela manhã, ele se sente magoado e distante. A parceira nota e reage ao seu mau humor, o que o irrita ainda mais.

Quando o homem era jovem, ele reagia às brigas em casa com medo, raiva ou dor. Ele sentia aversão às brigas, uma resposta normal, e essa aversão deixou marcas em sua mente. Décadas depois ele passa por uma casa e ouve brigas; essa é a condição secundária necessária para estimular a antiga marca kármica, que se manifesta em um sonho naquela noite, embora pudesse se manifestar como um estado de humor, um comportamento, ou uma cadeia de pensamentos e memórias.

No sonho, o homem reage à provocação da parceira com sentimentos de raiva e dor. Essa reação é governada pelas marcas kármicas guardadas em sua consciência mental quando criança e, provavelmente, reforçadas muitas vezes desde então. Quando a parceira no sonho, que é inteiramente uma projeção da mente do homem, o provoca, sua reação é de aversão. A aversão que ele sente no sonho é uma nova ação, que cria uma nova marca e reforça o antigo padrão. Quando ele acorda, fica aprisionado em emoções negativas, fruto de karmas anteriores. Ele se sente desconectado e distante de sua parceira real. Para complicar ainda mais as coisas, a parceira reage com base em suas próprias tendências habituais, talvez se sentindo irritada, distante, culpada ou subserviente, e o homem reage negativamente.

Toda reação a qualquer situação, seja externa ou interna, na vigília ou no sonho, se for condicionada pelo apego ou pela aversão, deixará uma marca. Como o karma determina as reações, essas reações reforçam as tendências kármicas que, por sua vez, determinam ainda mais as reações e assim por diante. É assim que o karma leva a mais karma. Essa é a roda do samsara, o ciclo incessante de ações e reações condicionadas.

Obscurecimentos da consciência

As marcas kármicas são como sementes. Uma semente de maçã precisa de uma combinação correta de umidade, luz, nutrientes e temperatura para germinar e crescer. As sementes kármicas também precisam da situação certa para se manifestarem. Os elementos que contribuem para a manifestação do karma são conhecidos como causas e condições secundárias e podem ser um ambiente, um incidente, uma pessoa, pensamentos ou memórias. As sementes são armazenadas na consciência básica do indivíduo, na *kunzhi namshe*.

A metáfora comum para a kunzhi namshe é de um armazém ou depósito, mas não é uma coisa ou um lugar. É o equivalente de todos os obscurecimentos da consciência; quando não há obscurecimentos da consciência, não há kunzhi namshe. Até lá, ele estará subjacente à experiência dualista, manifestando-se como reações habituais, inclinações e identidades.

Quando a morte chega, o corpo se deteriora, mas a kunzhi namshe não. As marcas kármicas permanecem no continuum mental até serem purificadas. Quando elas desaparecem completamente, a kunzhi namshe deixa de existir e o indivíduo se torna um buddha.

Karma positivo e negativo

É útil pensar no karma como causa e efeito; ações e reações têm consequências. Popularmente, o karma é entendido como recompensa ou punição: se você faz coisas erradas, coisas ruins acontecem com você; se faz coisas certas, coisas boas acontecem. Se você sofre um infortúnio, é por causa de algo que você fez anteriormente; a boa sorte chega devido a ações positivas que você realizou no passado. Mas o karma não é uma conta cósmica que é balanceada através de eventos positivos e negativos que acontecem na sua vida. O karma é um condicionamento decorrente da repetição das nossas reações frente à experiência. Quando entendermos que cada marca kármica é uma semente para novas ações governadas karmicamente, também entenderemos como começar a evitar a geração de mais negatividade e, em vez disso, criar condições que guiem nossas vidas em uma direção positiva.

Karma negativo

Se reagirmos a determinada situação com uma emoção negativa, a marca deixada na mente influenciará negativamente a experiência futura. Por exemplo, se alguém está com raiva de nós e reagimos com raiva, é plantada uma semente que torna um pouco mais provável que a raiva surja novamente, e torna-se também mais provável que encontremos as situações secundárias que permitirão o surgimento da raiva habitual. Isso é fácil de ver quando nós mesmos sentimos muita raiva ou quando conhecemos alguém que sente muita raiva. As pessoas raivosas se deparam continuamente com situações que parecem justificar a raiva, sendo que o oposto acontece com pessoas que sentem menos raiva. As situações externas podem ser semelhantes, mas as diferentes inclinações kármicas criam mundos subjetivos diferentes.

Se uma emoção é expressada impulsivamente, ela pode gerar reações e resultados intensos. A raiva pode levar a uma briga ou a algum tipo de destruição. As pessoas podem se ferir física ou emocionalmente. Isso não ocorre apenas em relação à raiva. A inveja quando é intensa, também pode gerar bastante estresse para a pessoa que a sente, pode afastar essa pessoa dos outros e assim por diante. Não é difícil ver como isso gera marcas negativas que influenciam negativamente o futuro.

Mesmo que consigamos suprimir a emoção, a marca negativa ainda existe. A supressão é uma manifestação de aversão. Nós fazemos um esforço, empurramos algo para trás de uma porta e a trancamos, forçando parte de nossa experiência a entrar na escuridão, onde ela ficará esperando até que a causa secundária apropriada a traga de novo para fora. Isso pode se manifestar de muitas maneiras. Por exemplo, se suprimirmos a inveja dos outros, isso pode por fim se manifestar como uma explosão emocional ou nos levar a julgar duramente as pessoas a quem invejamos secretamente, mesmo que neguemos sentir essa inveja para nós mesmos. O julgamento mental também é uma ação baseada na aversão que cria sementes kármicas negativas.

Karma positivo

Em vez de reagirmos cegamente às situações, podemos parar um instante para nos comunicarmos com nós mesmos. Nesse espaço, podemos escolher gerar o antídoto para a emoção negativa, em vez de manifestá-la. Se alguém está com raiva de nós e surge raiva em nós, o antídoto é a compaixão. Fazê-la brotar pode parecer forçado e pouco autêntico no início, mas se percebermos que a pessoa que nos irrita está sendo controlada por seus próprios condicionamentos, é possível sentir compaixão, talvez até mesmo sentir uma conexão com a pessoa, deixando um pouco de lado nossas reações negativas. Dessa maneira, começamos a moldar nosso futuro de forma positiva.

Essa nova resposta ainda se baseia no desejo – neste caso, pela virtude, pela paz ou pelo desenvolvimento espiritual – e também produz um traço kármico, mas um traço positivo. Nós plantamos uma semente de compaixão. Da próxima vez que nos encontrarmos com a raiva, teremos uma chance um pouco maior de responder com compaixão, o que é muito mais confortável e espaçoso do que a estreiteza da raiva autoprotetora. Dessa forma, a prática da virtude requalifica cumulativamente nossa resposta ao mundo e acabamos, por exemplo, encontrando cada vez menos raiva, tanto interna quanto externamente. Se persistirmos nesta prática, começaremos a ver menos pessoas que parecem merecer nossa condenação ou raiva e mais pessoas se debatendo com seus condicionamentos kármicos. A compaixão acaba surgindo espontaneamente e sem esforço.

Usando a compreensão do karma, podemos treinar nossas mentes para usar toda a experiência, mesmo os devaneios mais íntimos e fugazes, como apoio à nossa prática espiritual.

Como liberar as emoções

A melhor resposta à emoção negativa é permitir que ela se autolibere, permanecendo em um estado de consciência lúcida, clara, não reativa, livre de apego e aversão. Se conseguirmos fazer isso, a emoção nos atravessa como um pássaro voando pelo espaço, sem deixar nenhum vestígio de sua passagem. A emoção surge e se dissolve espontaneamente no espaço livre da consciência lúcida.

Neste caso, a semente kármica se manifesta como emoção, pensamento, sensação física ou um impulso para determinados comportamentos, mas como não reagimos com apego e nem com aversão, nenhuma semente de karma futuro é gerada. Cada vez que permitimos que a inveja, por exemplo, surja e se dissolva na consciência sem que sejamos apriosionados por ela ou tentemos suprimi-la, a tendência kármica para a inveja enfraquece. Não há nenhuma nova ação para reforçá-la. Liberar a emoção dessa forma corta o karma pela raiz, queimando as sementes kármicas antes que elas tenham uma oportunidade de germinar e gerar problemas em nossas vidas.

Você pode perguntar por que é melhor liberar a emoção do que gerar um karma positivo. Todas as marcas kármicas agem como um condicionamento, nos limitando a identidades particulares. O objetivo do caminho é a completa liberação de todos os condicionamentos. Isso não significa que, uma vez liberados, as marcas positivas, como a compaixão, não estarão presentes. Elas estarão. Mas quando não somos mais guiados por tendências kármicas, vemos nossa situação claramente e respondemos de maneira espontânea e adequada, em vez de sermos empurrados em uma direção ou puxados para outra. A compaixão relativa decorrente das tendências kármicas positivas é muito boa. Mas a compaixão absoluta que surge sem esforço no indivíduo liberado dos condicionamentos kármicos é ainda melhor. É mais ampla e inclusiva, mais eficaz e livre de delusões.

Permitir que a emoção se autolibere é a melhor resposta, mas é difícil fazer isso antes que a prática esteja desenvolvida e estável. Seja qual for a qualidade da nossa prática neste momento, todos nós podemos decidir parar por um momento quando a emoção surge, nos conectar com nós mesmos, e escolher agir da maneira mais hábil possível. Todos nós podemos aprender a diminuir a força do impulso, dos hábitos kármicos. Podemos nos lembrar de que a emoção que estamos sentindo é simplesmente uma resposta condicionada, que ela não ajuda, nem a nós nem ao outro. Soltamos a identificação com a emoção ou com o nosso ponto de vista e deixamos a postura defensiva de lado. À medida que a tensão se afrouxa, dispomos de mais espaço interno e somos mais capazes de responder positivamente, plantando sementes de karma positivo. Mais uma vez, é importante fazer isso sem suprimir a emoção. Precisamos relaxar gerando compaixão, e não contendo firmemente a raiva no corpo enquanto tentamos ter bons pensamentos.

A jornada espiritual não tem o propósito de trazer benefícios apenas em um futuro distante ou na nossa próxima vida. À medida que treinamos para reagir mais positivamente às situações, modificamos as nossas marcas kármicas e desenvolvemos qualidades que trazem mudanças positivas na vida que estamos levando neste momento. Conforme vemos mais claramente que cada experiência, por menor e mas íntima que seja, tem um resultado, podemos usá-la para mudar nossas vidas e nossos sonhos.

Marcas kármicas e sonhos

Toda a experiência samsárica é moldada por marcas kármicas. Humores, pensamentos, emoções, imagens mentais, percepções, reações instintivas, "senso comum" e até mesmo nosso senso de identidade são governados pelo funcionamento do karma. Por exemplo, pode ser que você acorde meio desanimado. Você toma o café da manhã, tudo parece estar bem, mas ainda persiste uma sensação de infelicidade sem explicação. Neste caso, dizemos que algum karma está amadurecendo. As causas e as condições se reuniram e a depressão se manifesta. Pode haver uma centena de razões para essa depressão ocorrer naquela determinada manhã, podendo se manifestar de várias maneiras. Ela pode também se manifestar durante a noite como um sonho.

Durante o dia, a consciência ilumina os sentidos e nós experienciamos o mundo, tecendo experiências sensoriais e psíquicas integradas ao significado mais completo das nossas vidas. À noite, a consciência se recolhe dos sentidos em sua própria base. Se tivermos desenvolvido uma prática robusta de presença com bastante experiência da natureza da mente, repousaremos na consciência lúcida. Mas, para a maioria de nós, a consciência ilumina os obscurecimentos e estes se manifestam como um sonho. As marcas kármicas são como fotos, vídeos e memórias que colecionamos. Qualquer experiência à qual reagimos com desejo ou aversão é gravada e armazenada na kunzhi namshe. Dependendo das condições secundárias encontradas durante o dia, determinadas marcas são estimuladas. No quarto escuro do nosso sono, a mente tece essas influências na narrativa do sonho, pois a narrativa é a maneira pela qual a mente dá sentido às experiências. Isso é o sonho, construído a partir de memórias, tendências condicionadas e identidades habituais. Enquanto estamos no sonho, ele é tão real para nós quanto a vida no estado de vigília.

Embora essa dinâmica seja mais fácil de entender no sonho, onde estamos livres das limitações do mundo físico e da consciência racional, o mesmo processo de construção dos sonhos continua durante a vigília. Projetamos essa atividade da mente sobre o mundo e pensamos, como fazemos nos sonhos à noite, que os objetos que encontramos e suas qualidades existem independentemente de nossas mentes. Mas não existem.

Como descrito anteriormente, no yoga dos sonhos este entendimento do karma é usado para treinar a mente a reagir à experiência de forma diferente, resultando em novas marcas kármicas. À medida que progredimos na prática, são gerados sonhos mais propícios à prática espiritual. Não se trata de forçar, da consciência agindo para oprimir o inconsciente.

Em vez disso, o yoga dos sonhos se baseia em uma maior consciência e discernimento, o que nos permite fazer escolhas positivas que levam ao aumento da lucidez no sonho e na vigília. Mudamos os traços subjacentes que impulsionam a criação dos sonhos da noite e do dia.

No sonho, podemos queimar as sementes do karma futuro, da mesma forma que na vigília. Se mantivermos uma consciência não reativa durante o sonho, podemos permitir que as marcas kármicas se autoliberem à medida que surgem. Se isso ainda não for possível para nós, podemos desenvolver tendências para escolher um comportamento espiritualmente positivo em nossos sonhos até que, por fim, possamos ir além das preferências e do dualismo.

Os seis reinos da existência cíclica

Na cosmologia Bön e budista, todos os seres deludidos existem em um dos seis reinos (*loka*). Estes são os reinos dos deuses, semideuses, humanos, animais, fantasmas famintos e seres dos infernos. Fundamentalmente, os reinos são seis dimensões da consciência, seis dimensões da experiência possível. Eles se manifestam em nós quando experienciamos as seis emoções negativas: raiva, ganância, ignorância, inveja, orgulho e distração prazerosa. (A distração prazerosa é o estado emocional presente quando as outras cinco emoções estão harmoniosamente equilibradas). Segundo os ensinamentos, os seis reinos não são apenas categorias de experiência emocional; são, de fato, reinos nos quais os seres nascem, assim como nós nascemos no reino humano e um leão nasce no reino animal.

Cada reino pode ser entendido como um continuum de experiência. O reino dos infernos, por exemplo, abrange desde a experiência emocional interna de raiva e ódio e comportamentos enraizados nessas emoções, até manifestações sociais como preconceitos, intolerância e opressão; e como um reino real no qual os seres existem. Um nome para toda essa dimensão da experiência, desde a emoção individual até o reino real, é "inferno".

Como os sonhos, os reinos são manifestações de marcas kármicas, mas no caso dos reinos, elas são coletivas e não individuais. Como o karma é coletivo, os seres de cada reino compartilham experiências semelhantes em um mundo consensual, assim como nós compartilhamos experiências semelhantes com outros seres humanos. O karma coletivo cria corpos, sentidos e capacidades mentais, permitindo que os indivíduos participem de categorias de experiências e potenciais compartilhados, ao mesmo tempo em que impossibilita outros tipos de experiências. Os cães, por exemplo, conseguem ouvir sons que os humanos não conseguem ouvir, e os humanos experienciam a linguagem de uma forma que não é possível para os cães.

Os reinos parecem ser distintos e sólidos, como o nosso mundo parece ser para nós, mas, na verdade, são insubstanciais e semelhantes ao sonho. Eles se interpenetram; estamos conectados uns aos outros e carregamos conosco as sementes do renascimento em outros reinos. Quando experienciamos as diferentes emoções, nos conectamos a algumas das qualidades características e ao sofrimento predominante em outros reinos. Quando somos tomados pelo orgulho autocentrado ou pela inveja furiosa, por exemplo, experienciamos um pouco da qualidade característica do reino dos semideuses.

Alguns indivíduos têm uma predominância de uma dimensão em sua constituição: mais animal, mais fantasma faminto, mais natureza divina ou mais de semideus. Isso se destaca como um traço dominante. Podemos conhecer pessoas que parecem estar presas no reino dos fantasmas famintos: elas nunca se sentem saciadas, estão sempre famintas por mais – mais de seus amigos, de seu ambiente, de sua vida – mas nunca ficam satisfeitas. Ou talvez conheçamos alguém que pareça um ser dos infernos: irritado, violento, furioso, perturbado. O mais comum é que as pessoas tenham aspectos de todas as dimensões em sua constituição individual.

Como essas dimensões da consciência se manifestam nas emoções, sua universalidade se torna evidente. Por exemplo, toda cultura conhece a raiva. A aparência da raiva pode variar porque a expressão emocional é um meio de comunicação determinado tanto pela biologia quanto pela cultura, e a cultura fornece essa variabilidade. Mas o sentimento de raiva é o mesmo em todos os lugares. No budismo Bön, essa universalidade é explicada e correlacionada com os reinos.

As seis emoções negativas não constituem uma lista exaustiva de emoções. Por exemplo, a dor e a ansiedade não são muito mencionadas, mas ambas podem ser vivenciadas em qualquer um dos reinos, assim como a raiva, a inveja ou o amor. Temos as sementes de todos os reinos e todas as experiências em nós neste momento.

As seis qualidades da consciência são chamadas de caminhos porque nos levam a um determinado lugar: nos levam aos lugares de nosso nascimento e a diferentes domínios de experiências. Quando um ser se identifica ou está enredado em certos tipos de experiência, há resultados. Isso funciona de forma positiva e negativa. Por exemplo, acreditamos que, para nascer como humano, devemos ter nos dedicado a disciplinas morais em vidas anteriores. Mesmo na cultura popular, isso se expressa na observação de que até que o amor e a preocupação com os outros amadureçam, a pessoa não é considerada "plenamente humana".

Se vivemos uma vida caracterizada pelo ódio e pela raiva, experienciamos um resultado diferente: renascemos nos infernos. Isso acontece fisicamente, ou seja, pelo renascimento no reino dos infernos ou, psicologicamente, nesta mesma vida.

Isso não significa que os humanos tentem necessariamente evitar as experiências que chamamos de negativas. Muitas vezes nos divertimos assistindo a filmes, jogando videogames e lendo livros onde há conflitos, ódio, assassinato, vingança e guerra. "A guerra é o inferno", dizemos, mas muitos de nós somos atraídos pela guerra.

Nossa inclinação para uma ou outra dessas dimensões também é moldada pela cultura. Por exemplo, em uma sociedade na qual o guerreiro raivoso é considerado herói, podemos ser levados nessa direção, enquanto que se obter sucesso a qualquer custo é o ideal, a ganância e a inveja podem ser mais pervasivas. Esses são exemplos de ignorância cultural.

Os reinos podem parecer uma fantasia para as pessoas do Ocidente. Não é preciso acreditar que são "reais" para reconhecer a manifestação dos seis reinos na experiência.

Podemos ter a experiência de felicidade do reino dos deuses durante as férias ou em um passeio com amigos; a dor da ganância quando ficamos obcecados com algo que sentimos que temos que ter; a vergonha do orgulho ferido; as dores do ciúme; o inferno da amargura e do ódio; o torpor e a confusão da ignorância. Passamos da experiência de um reino para outro facilmente e com bastante frequência.

Temos a experiência de estar de bom humor, conectados ao reino dos deuses – o dia está ensolarado, as pessoas parecem bonitas, nos sentimos de bem com a vida e com nós mesmos. Então recebemos uma má notícia, ou um amigo diz algo que nos fere. De repente, nossa experiência muda. Não há mais motivo para sorrir, não vemos a beleza que víamos minutos atrás, os outros não nos parecem mais atraentes e já não nos sentimos bem com nós mesmos. Nós mudamos as dimensões da experiência, e nosso mundo mudou junto conosco.

Durante nossas vidas no sonho, também experienciamos os seis reinos. Assim como eles determinam a qualidade da experiência durante o dia, eles moldam as sensações e o conteúdo dos sonhos.

A tabela abaixo descreve os seis reinos brevemente. Tradicionalmente, os reinos são apresentados como descrições dos lugares e dos seres que habitam esses lugares. Existem, por exemplo, dezoito infernos, mas aqui focalizamos as experiências dos reinos nesta vida. Nós nos conectamos energeticamente a cada dimensão da experiência através de um centro energético (chakra) no corpo, cujos locais estão listados na tabela. Os chakras são importantes em muitas práticas diferentes e também desempenham um papel no yoga dos sonhos.

Reino	Emoção Principal	Chakra
Deuses (*devas*)	Distração prazerosa	Coroa
Semideuses (*asuras*)	Inveja / Orgulho	Garganta
Humanos	Ciúme / Inveja	Coração
Animais	Ignorância	Umbigo
Fantasmas famintos (*pretas*)	Ganância	Órgãos Sexuais
Infernos	Ódio / Raiva	Solas dos pés

Reino dos infernos

A raiva é a emoção semente do reino dos infernos. Quando as marcas kármicas da raiva se manifestam, há muitas expressões possíveis: aversão, tensão, ressentimento, criticismo, discussão e violência. Grande parte da destruição das guerras é causada pela raiva, e muitas pessoas morrem todos os dias em consequência dela. No entanto, a raiva nunca resolve problema algum.

Quando ela nos toma, perdemos o controle e a consciência de nós mesmos. Quando somos aprisionados pelo ódio, pela violência e pela raiva, estamos participando do reino dos infernos.

O centro energético da raiva está na sola dos pés. O antídoto para a raiva é o amor incondicional, que surge da natureza não condicionada da mente.

Tradicionalmente, diz-se que o reino dos infernos é composto de nove infernos quentes e nove infernos frios. Os seres que ali vivem sofrem imensamente, sendo torturados até a morte e retornando instantaneamente à vida, vez após vez.

Reino dos fantasmas famintos

A ganância é a emoção semente do reino dos fantasmas famintos (*pretas*). A ganância surge como um sentimento de necessidade excessiva que não pode ser satisfeita. A tentativa de satisfazer a ganância é como beber água salgada quando estamos com sede. Quando estamos perdidos na ganância, buscamos satisfação fora, e não dentro, e nunca encontramos o suficiente para preencher o vazio do qual queremos escapar. A verdadeira fome que sentimos é de conhecer a nossa verdadeira natureza.

A ganância está associada ao desejo sexual; seu centro energético no corpo é o chakra atrás dos órgãos genitais. A generosidade, oferecer livremente o que os outros precisam, é o remédio para a ganância.

Os pretas são tradicionalmente representados como seres esfomeados com barrigas enormes e bocas e gargantas minúsculas. Alguns habitam terras áridas onde nem a palavra água é mecionada por centenas de anos. Outros encontram comida e bebida, mas quando comem ou bebem através de suas bocas minúsculas, a comida se transforma em chamas em seus estômagos e causa grande dor. Há muitos tipos de sofrimento para os pretas, mas todos resultam da ganância e da oposição à generosidade dos outros.

Reino dos animais

A ignorância é a semente do reino dos animais. Ela é experienciada como uma sensação de estar perdido, embotado, em dúvida ou inconsciente. Muitas pessoas experienciam escuridão e tristeza enraizadas nessa ignorância; sentem uma necessidade, mas não sabem o que querem ou o que fazer para se satisfazerem. No Ocidente, as pessoas são frequentemente consideradas felizes se estiverem continuamente ocupadas, mas podemos nos perder na ignorância em meio às ocupações quando não conhecemos nossa verdadeira natureza.

O chakra associado à ignorância está no centro do corpo, na altura do umbigo. A sabedoria encontrada quando nos voltamos para dentro e conhecemos nossa verdadeira natureza é o antídoto para a ignorância.

Os seres do reino animal são dominados pela escuridão da ignorância. Muitos animais vivem com medo por serem constantemente ameaçados por outros animais e seres humanos. Até mesmo os grandes animais são atormentados por insetos cravados em sua pele, se alimentando de sua carne. Animais domesticados são ordenhados, usados para transportar carga, castrados, trespassados pelo nariz e montados, sem qualquer esperança de escapar. Os animais sentem dor e prazer, mas são dominados pela ignorância que os impede de investigar o que há além das circunstâncias de suas vidas para encontrar sua verdadeira natureza.

Reino dos humanos

O ciúme (ou a inveja) é a emoção raiz do reino humano. Quando tomados pelo ciúme, queremos nos agarrar ao que temos e obter para nós o que os outros têm: uma ideia, um bem, um relacionamento, sucesso, respeito, realizações. Vemos a fonte da felicidade como algo externo a nós, o que leva a mais apego ao objeto de nosso desejo.

O ciúme está relacionado ao centro do coração. O antídoto para o ciúme é abrir amplamente o coração, é a abertura que surge quando nos conectamos à nossa verdadeira natureza.

É fácil para nós observar o sofrimento no nosso próprio reino. Vivenciamos o nascimento, a doença, a velhice e a morte. Somos atormentados pela perda devido às constantes mudanças. Quando conquistamos o objeto de nosso desejo, lutamos para mantê-lo, mas sua perda, ao final, é certa. Ao invés de nos regozijarmos com a felicidade dos outros, frequentemente sentimos inveja e ciúme. Embora o nascimento humano seja considerado a maior das boas fortunas porque os humanos têm a chance de ouvir e praticar os ensinamentos, apenas uma ínfima minoria de nós encontra o caminho e tira proveito dessa grande oportunidade.

Reino dos semideuses

O orgulho é a principal aflição dos semideuses (asuras). O orgulho é um sentimento ligado à conquista e, muitas vezes, territorialista. Uma das causas da guerra é o orgulho de indivíduos e nações que acreditam ter a solução para os problemas de outras pessoas. Há um aspecto oculto do orgulho que se manifesta quando acreditamos que somos piores que os outros, um autocentramento negativo que nos separa dos outros. O orgulho está associado ao chakra da garganta. O orgulho se manifesta frequentemente como ações raivosas. Seu antídoto é a paz e a humildade que surgem quando repousamos em nossa verdadeira natureza.

Os asuras desfrutam de prazer e abundância, mas têm uma inclinação à inveja e à cólera. Eles lutam continuamente uns com os outros, mas seu grande sofrimento ocorre quando declaram guerra aos deuses, que gozam de uma abundância ainda maior do que os semideuses. Os deuses são mais poderosos que os asuras e muito difíceis de matar. Eles sempre vencem as guerras e os asuras sofrem a devastação emocional do orgulho ferido e da inveja, sentem-se diminuídos e isso, por sua vez, os conduz a mais guerras fúteis, repetidas vezes.

Reino dos deuses

A distração prazerosa é a semente do reino dos deuses (*devas*). No reino dos deuses, as cinco emoções negativas estão igualmente presentes, equilibradas como cinco vozes harmoniosas em um coro. Os deuses estão perdidos em um sentimento de alegria preguiçosa e de prazer autocentrado. Eles desfrutam de grande riqueza e conforto durante vidas que duram um éon. Todas as necessidades parecem ser satisfeitas e todos os desejos saciados. Assim como acontece com alguns indivíduos e sociedades, os deuses ficam presos no prazer e na busca pelo prazer. Eles não têm noção da realidade ocultada pela sua experiência. Perdidos em diversões e prazeres sem sentido, eles ficam distraídos demais para seguirem o caminho da liberação.

Mas a situação acaba mudando à medida que as causas kármicas para a existência no reino dos deuses se esgotam. Quando a morte finalmente se aproxima, o deus moribundo é abandonado pelos amigos e companheiros incapazes de enfrentar a prova de sua própria finitude. O corpo, antes perfeito, envelhece e se deteriora. O período de felicidade termina. Com olhos divinos, o deus vê as condições do reino de sofrimento em que está destinado a renascer. Mesmo antes da morte, o sofrimento da vida futura começa.

O reino dos deuses está associado com o chakra da coroa da cabeça. O antídoto para a alegria egoísta dos deuses é a compaixão abrangente que surge espontaneamente através da consciência da realidade que é a base do eu e do mundo.

Por que emoção "negativa"?

Muitas pessoas no Ocidente se sentem desconfortáveis quando ouvem emoções rotuladas como negativas. Não é que as emoções por si sós sejam negativas. Todas as emoções ajudam na sobrevivência e são necessárias para toda a gama de experiências humanas, incluindo apego, raiva, orgulho, ciúme, e assim por diante. Sem as emoções, não viveríamos plenamente.

No entanto, as emoções são negativas à medida que ficamos presos a elas e perdemos o contato com os aspectos mais profundos de nós mesmos. Mais precisamente, são nossas reações às emoções que se tornam negativas, o apego ou a aversão, pois elas levam a um estreitamento da consciência e da identidade. Isso planta as sementes de futuras condições negativas, nos deixando presos em reinos de sofrimento nesta e nas vidas subsequentes. Isso é negativo quando comparado a uma identidade mais expansiva, particularmente quando comparado à liberação de todas as identidades estreitas e construídas. Por isso é útil pensar nos reinos, não apenas como estados emocionais, mas como seis dimensões da consciência e da experiência.

Se compreendemos a natureza vazia da realidade, é mais fácil abandonar o apego e, assim, as formas mais grosseiras da emoção não surgem mais. Na realidade absoluta, não há entidade separada para servir como alvo da raiva ou como objeto de qualquer emoção. Não há razão alguma para ficarmos com raiva. Nós criamos a história, as projeções e a raiva ao mesmo tempo.

No Ocidente, a compreensão das emoções é frequentemente usada na psicologia para melhorar a vida das pessoas no samsara. Isso é bom. Entretanto, o sistema tibetano tem um objetivo diferente. A compreensão das emoções é usada para nos libertarmos das limitações e das visões errôneas que nos aprisionam por meio do apego emocional. As emoções se tornam negativas à medida que nos apegamos a elas ou fugimos delas.

Capítulo 3

O corpo de energia

Todas as experiências têm uma base energética. Essa energia vital é chamada de *lung* em tibetano, mas é mais conhecida no Ocidente por seu nome em sânscrito, *prana*. A estrutura subjacente a qualquer experiência é uma combinação de várias condições e causas. Se formos capazes de entender por que e como uma experiência está ocorrendo, reconhecendo suas dinâmicas mental, física e energética, poderemos, então, reproduzir essas experiências ou alterá-las. Isto nos permite gerar experiências que apoiem a prática espiritual, evitando as que são prejudiciais.

Canais e prana

Na vida cotidiana, assumimos diferentes posturas corporais sem pensar em seus efeitos. Quando queremos relaxar e conversar com os amigos, vamos para uma sala com cadeiras ou sofás confortáveis. Isso amplia a experiência de calma e relaxamento e favorece uma conversa tranquila. Quando estamos ativos nas discussões de negócios, vamos para um escritório onde as cadeiras nos mantêm mais eretos e menos relaxados. Isso nos dá mais apoio nos negócios e nos trabalhos criativos. Se quisermos descansar em silêncio, podemos ir para uma varanda e sentar em um outro tipo de cadeira, em uma posição que nos permita desfrutar da paisagem e do sopro da brisa. Quando nos cansamos, vamos para o quarto e assumimos uma postura completamente diferente para induzir o sono.

Da mesma forma, assumimos várias posturas em diferentes tipos de meditação para alterar o fluxo do prana no corpo por meio da manipulação dos canais (*tsa*), que são os conduítes de energia no corpo, e para abrir diferentes pontos focais energéticos, os chakras. Quando fazemos isso, alteramos nossa experiência. Essa é a base para os movimentos do yoga. Guiar conscientemente a energia pelo corpo permite um desenvolvimento mais fácil e mais rápido da prática da meditação do que se dependêssemos apenas da mente. Também nos permite superar certos obstáculos na prática. Sem utilizar o conhecimento sobre o prana e sobre seu movimento no corpo, a mente pode ficar enredada em seus próprios processos.

Os canais, o prana e os chakras estão envolvidos tanto na morte quanto na vida. A maioria das experiências místicas, bem como as experiências no estado intermediário após a morte, resultam da abertura e do fechamento de pontos de energia. Muitos livros relatando o fenômeno das experiências de quase-morte contêm descrições de várias luzes e visões que as pessoas experienciam quando o processo de morte inicia. De acordo com a tradição tibetana, esses fenômenos estão relacionados ao movimento do prana. Os canais estão associados a diferentes elementos; durante a dissolução dos elementos na morte, à medida que os canais se deterioram, a energia liberada se manifesta como experiências de luz e cor. Os ensinamentos fornecem descrições detalhadas sobre qual luz colorida corresponde à dissolução de determinado canal, onde ela se localiza no corpo e a qual emoção está relacionada.

Há uma variação considerável na forma como essas luzes surgem na morte, porque estão relacionadas tanto com aspectos negativos quanto positivos da consciência. A pessoa comum sente emoções na morte, sendo que a emoção dominante determina quais luzes e cores se manifestam. Muitas vezes existe, no início, apenas uma experiência de luzes coloridas em que uma cor é a principal, mas também pode acontecer de algumas cores serem predominantes, ou de surgir uma combinação de muitas cores. A luz, então, começa a formar imagens, como nos sonhos: casas, castelos, mandalas, pessoas, deidades, todo tipo de coisa. Quando estamos morrendo, podemos nos relacionar com essas visões como se fossem entidades reais e, nesse caso, nossas reações a elas nos conduzem na direção do nosso próximo nascimento; ou podemos tomá-las como experiências meditativas, o que nos dá a oportunidade de atingir a liberação ou, pelo menos, a possibilidade de influenciar conscientemente o nosso próximo renascimento em uma direção positiva.

Canais (*tsa*)

Existem diferentes tipos de canais no corpo. Conhecemos os canais mais grosseiros através do estudo médico da anatomia, onde aprendemos sobre vasos sanguíneos, sobre a circulação da linfa, sobre a rede de nervos, e assim por diante. Existem também canais para as formas mais substanciais de prana, como as conhecidas na acupuntura. No yoga dos sonhos, estamos interessados em uma energia psíquica mais sutil, que serve de base tanto para a sabedoria quanto para as emoções negativas. Os canais que transportam essa energia sutil não podem ser localizados na dimensão física, mas podemos tomar consciência deles.

Existem três canais raiz. Os seis chakras principais estão alinhados no canal central. A partir dos seis chakras, 360 canais ramificados espalham-se por todo o corpo. Os canais raiz são o canal direito branco, o canal esquerdo vermelho e o canal central azul.

O canal central começa no períneo e sobe pela frente da coluna vertebral. Tem o diâmetro de uma bengala, alargando-se ligeiramente desde a área do coração até a coroa da cabeça.

Os três canais principais que são utilizados nas práticas deste livro. Os canais laterais se estendem para cima até a parte inferior do crânio e depois se curvam para baixo.

Os dois canais laterais, cada um com o diâmetro de um lápis, formam uma junção com o canal central quatro dedos abaixo do umbigo. Eles sobem através do centro do corpo em ambos os lados e paralelamente ao canal central. Quando chegam à parte inferior do crânio na coroa, em vez de sair pela coroa como faz o canal central, seguem a curvatura sob o crânio, se estendem para baixo por trás dos olhos e saem pelas suas respectivas narinas.

Contradições

Ao ler este e outros livros, você se deparará com descrições conflitantes das qualidades associadas aos canais e chakras. Por exemplo, em uma seção posterior deste livro, o canal central estará associado à ignorância. Aqui, ele está associado à consciência não-dual. O canal central se conecta a ambas: ele apoia a consciência não-dual, e essa consciência pode ser obscurecida pelo veneno raiz da ignorância.

Há variações nas descrições dos canais branco e vermelho também. Na primeira edição deste livro, os canais branco e vermelho eram invertidos em homens e mulheres. Para as mulheres, o canal branco estava no lado esquerdo do corpo, e o canal vermelho estava no lado direito. Para os homens, era o oposto: o canal branco do lado direito do corpo, o canal vermelho do lado esquerdo. Nesta edição, não há diferença: tanto para mulheres como para homens, o canal branco está do lado direito e o canal vermelho está do lado esquerdo.

Essas contradições são encontradas em diferentes textos quando se comparam diferentes tradições, e de um professor para outro. Para esta edição do livro, perguntei a vários professores Bön e Nyingma que conheço, e descobri que eles estavam divididos dependendo de sua história, de sua tradição e de quais textos utilizavam. Alguns ensinavam que os canais laterais são os mesmos para homens e mulheres; outros ensinavam que eles estão invertidos.

Perguntei a meu professor raiz, S. E. Yongdzin Rinpoche qual era sua recomendação. Ele disse para ensinar que os canais são os mesmos para homens e mulheres e, portanto, é assim que é ensinado neste livro.

As diferenças estão relacionadas a diferentes aspectos do corpo energético, a diferentes qualidades do prana dependendo dos estados mentais, e aos diferentes usos do corpo energético no contexto das variadas práticas. As qualidades atribuídas às diferentes áreas do corpo energético, as cores e formas, são símbolos que nos ajudam a nos concentrar nas qualidades da mente e do corpo. Mas os símbolos em si não são reais. Os canais não têm cor, os tamanhos não são exatos. Os símbolos servem apenas para trazer sua mente, sua atenção, para as regiões corretas do corpo e para as qualidades a serem desenvolvidas na prática. Portanto, não fique confuso quando se deparar com essas contradições; deixe isso de lado e pratique como descrito no ensinamento específico que estiver seguindo.

Aqui, o canal azul é compreendido como sendo o canal da não-dualidade. É neste canal central que se move a energia da consciência primordial (*rigpa*). A prática dos sonhos, por fim, traz a consciência e o prana para o canal central, onde permanecem além da experiência negativa ou positiva. Quando isso ocorre, o praticante realiza a unificação de todas as dualidades aparentes. Geralmente, quando as pessoas têm experiências místicas, grandes experiências de êxtase, de vacuidade, de luminosidade ou de rigpa, elas estão energeticamente localizadas no canal central.

Prana (*lung*)

Sonhar é um processo dinâmico. O conteúdo do sonho é fluido: os seres se movem e falam, os sons vibram, a sensação é vívida. O conteúdo de um sonho é formado pela mente, mas a base da vitalidade e dos movimentos do sonho é o prana. A tradução literal da palavra tibetana para prana, *lung*, é "vento", mas ela é melhor descrita quando chamada de vento da força vital.

O prana é a energia fundamental de todas as experiências, de toda vida. No Oriente, as pessoas praticam posturas de yoga e vários exercícios respiratórios para fortalecer e refinar o vento da força vital a fim de equilibrar o corpo e a mente. Alguns dos antigos ensinamentos esotéricos tibetanos descrevem dois tipos diferentes de prana: o prana kármico e o prana da sabedoria.

Prana kármico

Quando os traços kármicos são ativados pelas causas secundárias apropriadas, o prana kármico as energiza, permitindo que tenham um efeito na mente e no corpo, na vigília e nos sonhos. O prana kármico é a vitalidade das energias negativas e positivas em ambos os canais laterais.

Quando a mente está instável, distraída ou sem foco, o prana kármico se move. Isto significa, por exemplo, que quando uma emoção surge e a mente não está estável, o prana kármico arrasta a mente para onde quiser. Nossa atenção é levada para lá e para cá, empurrada e puxada pela aversão e pelo desejo.

O desenvolvimento da estabilidade mental é necessário no caminho espiritual para tornar a mente forte, presente e focada. Assim, mesmo quando as forças das emoções negativas surgirem, nós não nos distrairemos e não nos perderemos.

Alguns textos de yoga tibetana descrevem três tipos de prana kármico: prana suave, prana grosseiro e prana neutro. O prana suave refere-se ao prana da sabedoria virtuosa, que se move através do canal vermelho de sabedoria. O prana grosseiro se refere ao prana da emoção negativa, que se move através do canal branco. Nesta classificação, tanto o prana da sabedoria virtuosa como o prana da emoção são pranas kármicos. O prana neutro não é, como seu nome sugere, nem virtuoso nem não-virtuoso, mas ainda é um prana kármico. Ele permeia todo o corpo e não é nem negativo e nem positivo. A experiência do prana neutro é útil como uma ponte para a experiência do prana de sabedoria.

Prana de sabedoria

O prana de sabedoria (*ye lung*) não é um prana kármico. Não deve ser confundido com o karma de sabedoria virtuoso descrito na seção anterior, que é subjacente às ações virtuosas. O prana de sabedoria aqui é a energia da experiência não-dual. Ele se move através do canal central.

No primeiro momento de qualquer experiência, antes que ocorra uma reação, há apenas a percepção pura. O prana envolvido nessa experiência pura é o prana da sabedoria primordial, a energia subjacente à experiência anterior ou livre de apego ou aversão. Essa experiência pura não deixa marcas e não é causa de sonhos. O prana de sabedoria é a energia da consciência não condicionada. Esse momento é muito breve, um lampejo de experiência pura da qual normalmente não temos consciência. É a nossa reação a esse momento, de apego ou aversão, que pensamos ser nossa experiência. Prestar atenção ao momento de percepção antes que ele seja conceitualizado, e alongar esse momento, começa a nos introduzir à consciência pura.

O professor budista tibetano Longchenpa diz em um de seus textos que ocorrem 21.600 movimentos de prana durante um único dia. Seja literal ou não, essa afirmação indica a enorme atividade de prana e pensamento que ocorre a cada dia.

Como equilibrar o prana

Esta é uma prática simples que pode ser feita para equilibrar o prana.

Inspire lenta e profundamente pelas duas narinas. Imagine que você está inspirando o prana do êxtase da sabedoria, levando o ar até a junção com o canal central. Segure a respiração suavemente por alguns instantes na barriga relaxada, ou em qualquer parte do corpo onde houver tensão. Sinta o prana neutro permeando o corpo. Deixe o corpo e a mente tranquilos e relaxados.

Quando estiver pronto, expire completamente por ambas as narinas. Sinta todo o estresse e prana grosseiro negativo emocional fluindo para fora do corpo. Ao final da expiração, solte-se no relaxamento e descanse na mente tranquila. A qualquer momento durante o dia, você pode tomar alguns minutos para fazer esta respiração. Até mesmo apenas três respirações terão efeitos positivos na sua experiência. Repetir várias vezes equilibrará sua energia.

Prana e mente

Todos os sonhos estão relacionados a um ou mais dos seis reinos.

A conexão energética entre a mente e cada um dos reinos é feita através de locais específicos no corpo. Como isso é possível? Dizemos que a consciência está além de forma, cor, tempo ou sensação tátil, então como ela pode estar conectada a um lugar? A mente fundamental está além de tais distinções, mas as qualidades que surgem na consciência são influenciadas pelos fenômenos da experiência.

Podemos analisar essa questão por nós mesmos. Imagine ir a um lugar tranquilo, um templo bonito, com sons suaves de cantos e cheiro de incenso, ou a um lago verde sob uma pequena cachoeira. Quando entramos em um lugar assim, é como se uma bênção fosse recebida. A qualidade da experiência é afetada porque o ambiente físico afeta o estado de consciência. Isso também acontece com influências negativas. Quando visitamos um local onde foram cometidas atrocidades, nos sentimos desconfortáveis; dizemos que o local tem uma "energia ruim".

O mesmo é válido internamente, dentro de nossos corpos. O que queremos dizer quando falamos em trazer a mente para um chakra, para o chakra do coração, por exemplo? O que significa a mente estar em algum lugar? A mente não pode ser localizada ou contida em uma área pequena. Quando "colocamos" a mente em algum lugar, estamos colocando nossa atenção. Estamos criando imagens na mente ou direcionando a atenção para um objeto dos sentidos. Quando focalizamos a mente em algo, o objeto de foco afeta a qualidade da consciência, ocorrendo mudanças correspondentes no corpo.

Este é o princípio das práticas de cura que fazem uso de imagens mentais. A visualização leva a mudanças em nosso corpo. A pesquisa ocidental está demonstrando a veracidade desta afirmação pois a medicina ocidental faz uso do poder da visualização para relaxar, aliviar o estresse, superar traumas, controlar a dor, até mesmo em casos de doenças graves como o câncer. A tradição Bön de cura frequentemente utiliza a visualização dos elementos: fogo, água e ar. Em vez de tratar os sintomas da doença, o praticante do Bön geralmente tenta purificar o condicionamento da mente, o sistema energético, as emoções negativas e traços kármicos subjacentes que acredita-se estar criando uma suscetibilidade à doença.

Por exemplo, podemos visualizar um fogo intenso em resposta a uma doença. Visualizamos formas triangulares vermelhas e tentamos experienciar o calor pelo poder da imaginação, poderoso como o que se eleva de um vulcão, movendo-se através de nossos corpos como ondas de chamas. Podemos fazer um exercício de respiração específico para gerar ainda mais calor. Dessa forma, usamos a mente e suas imagens para afetar o corpo, as emoções e a energia. E isso produz um resultado. Assim como a medicina ocidental pode usar a radioterapia para tentar queimar células cancerígenas, usamos o fogo interno para queimar marcas kármicas. Para que a prática seja eficaz, a intenção deve ser clara. Não é um processo mecânico simples, mas um processo que utiliza a compreensão do karma, da mente e do prana para ajudar na cura. Obviamente é bom tirar proveito da medicina ocidental quando possível. Usamos o que quer que possa ser benéfico.

Chakras

Na prática dos sonhos, direcionamos nossa atenção para diferentes áreas do corpo: aos chakras na garganta, sobrancelhas e coração e ao chakra secreto atrás dos genitais. Um chakra é um ponto de conexões energéticas. Os canais de energia se encontram em determinados locais do corpo; as junções dos canais formam os padrões energéticos que são os chakras. Os principais chakras são locais onde muitos canais se juntam. Os chakras não são realmente como são desenhados, de lótus que abrem e fecham, que têm um certo número de pétalas e são de uma certa cor. Essas imagens são apenas suportes simbólicos para a mente, mapas que usamos para ajudar a concentrar a atenção nos padrões de energia existentes nos locais dos chakras.

Os chakras foram inicialmente descobertos através da prática, por meio de realizações de diferentes praticantes. Quando esses praticantes desenvolveram as experiências dos chakras, não havia linguagem para descrever suas descobertas para aqueles que não tinham tido a mesma experiência. Foram criadas imagens para serem usadas como metáforas visuais. As várias imagens de lótus, por exemplo, sugeriam que a energia em torno de um chakra se expandia e contraía como a abertura e o fechamento de uma flor; eles sentiam que um chakra era diferente de outro, e essas diferenças eram representadas por cores diferentes; experiências de concentrações e complexidades variadas de energia nos diferentes chakras eram representadas por números diferentes de pétalas. Essas metáforas visuais tornaram-se uma linguagem utilizada para articular as experiências dos centros de energia no corpo. Quando um novo praticante visualiza o número certo de pétalas no ponto certo do corpo com a cor certa, o poder da mente afeta aquele ponto energético particular e é influenciada por aquele ponto. Quando isso ocorre, dizemos que a mente e o prana estão unificados no chakra.

Cavalo cego, cavaleiro coxo

À noite, quando adormecemos, geralmente temos pouca noção do que está acontecendo. Nós apenas nos sentimos cansados, fechamos os olhos e embarcamos. Podemos ter algumas ideias sobre o sono – sangue no cérebro, hormônios, ritmos circadianos, ou algo parecido – mas a alteração da consciência ao adormecermos permanece sendo um mistério.

A tradição tibetana explica o processo de adormecer usando metáforas. Muitas vezes o prana é comparado a um cavalo cego e a mente a uma pessoa incapaz de andar. Separadamente, eles são limitados, mas juntos formam uma unidade funcional. Quando o cavalo e o cavaleiro estão juntos, eles começam a correr, geralmente com pouco controle sobre seu destino. Sabemos isso por experiência própria: podemos "colocar" a mente em um chakra posicionando a atenção ali, mas não é fácil manter a mente em um determinado lugar. A mente está sempre em movimento.

Conforme adormecemos, a consciência do mundo sensorial se perde. A mente é levada para lá e para cá pelo cavalo cego do prana kármico até se concentrar em um determinado chakra, onde é influenciada por uma dimensão particular de consciência. Talvez você tenha tido um desacordo com alguém, e essa situação (condição secundária) ativa uma marca kármica, um condicionamento associado ao chakra cardíaco, que arrasta sua mente para aquele local no corpo. A atividade subsequente da mente e do prana se manifesta nas imagens e histórias específicas do sonho.

A mente não é conduzida aleatoriamente para um ou outro chakra. Ela é atraída para os lugares do corpo e para as situações associadas na vida que necessitam de atenção e cura. No exemplo acima, é como se o chakra do coração estivesse pedindo ajuda, pedindo a atenção da consciência. A marca perturbadora será curada ao se manifestar no sonho e sendo assim dissipada. Entretanto, a menos que a manifestação ocorra enquanto a pessoa que está sonhando estiver centrada e consciente, as reações a ela serão ditadas pelas tendências kármicas habituais e criarão novas sementes kármicas semelhantes.

Podemos usar a analogia de um computador. Os chakras são como as diferentes pastas. Clicamos no diretório "Prana e Mente", e depois abrimos o arquivo do chakra do coração. As informações no arquivo – as marcas kármicas associados ao chakra cardíaco – são exibidas na tela da consciência. Isso é como a manifestação do sonho.

Talvez, em seguida, uma situação no sonho provoque outra resposta, energizando uma emoção diferente. O sonho agora se torna a causa secundária que permite a manifestação de outra marca kármica. Talvez a mente viaje agora para o centro do umbigo e entre em um outro reino de experiências. As características do sonho mudam. Você não tem ciúmes agora; em vez disso, está em uma rua sem placas ou em algum lugar muito escuro. Você está perdido. Você tenta ir para algum lugar, mas não consegue encontrar seu caminho. Você está no reino animal, a dimensão mais ligada à ignorância cognitiva.

Basicamente, é assim que o conteúdo de um sonho é formatado. A mente e o prana são atraídos pelos diferentes chakras no corpo. Moldadas pelas marcas kármicas associadas, as experiências surgem na mente como o conteúdo de um sonho. Podemos usar esse entendimento para olhar nossos sonhos de forma diferente, para perceber qual emoção e qual reino está ligado a um sonho específico. Também é útil compreender que cada sonho oferece uma oportunidade de cura e de prática espiritual.

Em última análise, o que de fato queremos é estabilizar a mente e o prana no canal central em vez de permitir que a mente seja arrastada para um determinado chakra. O canal central é a base energética das experiências de rigpa. As práticas de yoga dos sonhos são destinadas a trazer a mente e o prana para o canal central. Quando isso ocorre, nós permanecemos na consciência clara e em uma forte presença. Sonhar no canal central é sonhar livre das influências das emoções negativas. É uma situação equilibrada que permite que os sonhos de conhecimento e luminosidade se manifestem.

Capítulo 4

Resumo: como os sonhos surgem

Antes de atingir a realização, a verdadeira natureza do indivíduo está obscurecida pela ignorância raiz que dá origem à mente conceitual. Emaranhada na visão dualista, a mente conceitual divide a unidade contínua da experiência em entidades conceituais e depois se relaciona com essas projeções mentais como se elas existissem inerentemente como seres e objetos separados. Esse equívoco divide a experiência em "eu" e "outro", e a partir da identificação com apenas um aspecto da experiência – o "eu" – as preferências se desenvolvem. Isso resulta no surgimento de aversão e desejo, que se tornam a base tanto para as ações físicas quanto mentais. Estas ações (karmas) deixam marcas, condicionando a mente e resultando em mais desejo e aversão, que levam a novas marcas kármicas, e assim por diante. Este é o ciclo auto-perpetuador do karma.

Durante o sono, a mente se recolhe do mundo sensorial. As marcas kármicas estimuladas nesse momento pelas causas secundárias necessárias para sua manifestação têm uma força ou energia que é o prana kármico. Como o cavalo e o cavaleiro na analogia, a mente "cavalga" o prana kármico para o centro energético do corpo relacionado com a marca kármica ativada. Ou seja, a consciência se torna focalizada em um chakra particularespecífico e em uma dimensão de experiência específica.

Nessa interação entre mente, energia e significado, a consciência ilumina e é afetada pelas marcas kármicas. O prana kármico é a energia do sonho, a força vital e, assim, a mente tece as manifestações específicas das marcas kármicas – a cor, a luz, as emoções e as imagens – na narrativa, que é o sonho. Este é o processo que resulta em sonhos samsáricos.

Capítulo 5

Imagens do Tantra Mãe

Nos ensinamentos da Grande Perfeição (Dzogchen), a questão é sempre se reconhecemos ou não nossa verdadeira natureza e se compreendemos que todas as experiências são reflexos de nossa própria mente. Isto é fácil de acreditar em um sonho depois que acordamos, assim como os buddhas sabem, após a iluminação, que as entidades e os objetos do samsara são aparências vazias. Entender como os sonhos surgem facilita ver os mesmos processos operando durante o dia, e ajuda a compreender o que significa "ilusório" e "destituído de existência inerente".

Há um termo em tibetano, *lhun drub*, que se traduz como "perfeição espontânea". Significa que não há um produtor produzindo coisa alguma. Tudo é como é, surgindo da base como uma manifestação espontânea de vacuidade e luminosidade. O espelho não escolhe um rosto para refletir: sua natureza é refletir todas as coisas. A consciência clara é como o espelho. Quando vemos tudo como um reflexo espontâneo da mente, incluindo nossa noção convencional de "eu", nos aproximamos da liberdade. Sem essa compreensão, o senso de separação é muito intenso e nos debatemos com as ilusões. Não haverá um ponto definitivo em que o sonho acaba, até que estejamos despertos em uma consciência não deludida.

O *Tantra Mãe*, um dos textos mais importantes do Bön, nos oferece exemplos, analogias e metáforas para refletirmos e para que possamos compreender essa natureza ilusória tanto do sonho como da vigília:

Reflexo. O sonho é uma projeção da mente. Não é diferente da mente, assim como um raio de luz do sol não é diferente da luz do sol que está no céu. Não sabendo disso, nos engajamos no sonho como se ele fosse real, como um leão rosnando ao ver seu rosto refletido na água. Em um sonho tudo o que experienciamos é a mente refletida de volta para nós.

Relâmpago. No céu noturno, os relâmpagos produzem um clarão. Nesse instante, os matizes da montanha são iluminados, cada pico parece ser um objeto separado. Mas o que estamos experienciando é um único clarão de luz sendo refletido de volta aos nossos olhos. Assim, os objetos aparentemente separados em um sonho são, na verdade, reflexos de uma única luz – a luz da mente, a luz da consciência.

Arco-íris. Tal qual um arco-íris, o sonho pode ser belo e sedutor. Mas ele não tem substância; é uma exibição de luz e depende da perspectiva do observador. Ainda que tentemos, nunca conseguiremos alcançá-lo; não há nada de fato ali. O sonho, assim como o arco-íris, é uma combinação de condições das quais surge uma ilusão.

Lua. O sonho é como uma lua refletida em muitas superfícies de água diferentes – em uma lagoa, poço, mar –, em muitas janelas diferentes de uma cidade e em muitos cristais diferentes. A lua não está se multiplicando. Há apenas uma lua, da mesma forma que os muitos objetos de um sonho têm uma só essência.

Magia. Um mágico pode fazer uma mesma pedra aparecer primeiro como um elefante, depois como uma cobra, depois como um tigre. Mas esses objetos são ilusórios. Assim como os objetos de um sonho,

eles são projeções luminosas da mente.
Miragem. Devido a causas secundárias, podemos ver uma miragem em um deserto, uma cidade tremeluzente, ou um lago. Mas quando nos aproximamos, não encontramos nada ali. Quando investigamos as imagens de um sonho, descobrimos que elas, assim como uma miragem, são como ilusões insubstanciais, um jogo de luz.

Eco. Se produzirmos um som bem alto onde podem surgir ecos, um som alto retorna para nós; de um som baixo retorna um som baixo; e um grito estranho retorna para nós como um grito estranho. O som que ouvimos como retorno é o som que produzimos, assim como o conteúdo de um sonho, apesar de parecer ser independente de nós, nada mais é do que um conteúdo projetado da mente retornando para nós.

Esses exemplos enfatizam a ausência de existência inerente das aparências. Nos ensinamentos dos sutras, chamamos isso de "vacuidade"; no tantra, de "ilusão"; e no Dzogchen, de "a esfera única". O sujeito e o objeto da experiência não são dois. Nós experienciamos o mundo dentro e fora de nossas mentes. Se dissolvermos a mente conceitual, a pureza subjacente se manifestará espontaneamente. Quando percebermos de forma direta que não há existência inerente, nem no eu nem no mundo, o que quer que surja como experiência não terá poder sobre nós. Quando o leão compreende a natureza ilusória do reflexo na água, ele não reage com medo.

Metáforas utilizadas nos ensinamentos

O Tantra Mãe diz que a ignorância do sono comum é como um quarto escuro. A consciência é a chama de uma vela. Quando a vela é acesa, mesmo que o quarto esteja sem luz há séculos, a escuridão é dissipada e o quarto é iluminado.

Eu quis acrescentar esta nota sobre a melhor maneira de trabalhar com metáforas e imagens simbólicas porque, às vezes, os alunos têm problemas com elas. Usar linguagem e imagens para evocar a experiência, como faz a poesia, pode ser mais útil nos ensinamentos do que as explicações limitadas a conceitos abstratos. As imagens ajudam quando são percebidas de uma forma além da mente racional. Elas devem ser vivenciadas: ponderadas na imaginação, sentidas e integradas à compreensão.

Por exemplo, quando ouvimos a palavra "fogo", podemos prestar pouca atenção. Mas, permanecendo nessa experiência, permitindo que a imagem saia de trás da palavra, nós vemos o fogo, sentimos o calor. Como todos nós já vimos a chama e sentimos o calor dela em nossa pele, se ficarmos um pouco em contato com essa imagem, a palavra evocará uma experiência imaginária que poderá quase ser sentida. O fogo arderá em nossa imaginação. Da mesma forma, se dizemos "limão" e deixamos a fruta emergir da palavra, nossa boca se enche de água. Quando são usadas metáforas e símbolos nos ensinamentos, é melhor permitir que elas nos afetem dessa forma. Use sua imaginação para reconhecer a experiência escondida nas palavras e relacioná-la com o ensinamento.

Está escuro. Uma vela é acesa. Todos nós conhecemos essa experiência de uma vela acesa. A escuridão é substituída pela luminosidade que é clara, insubstancial, mas percebida de forma direta. Surge um vento que sopra a chama. Nós sabemos como é quando a luz dá lugar à escuridão.

Precisamos ir além da imagem, mas ela pode nos apontar a direção correta.

Parte Dois

Tipos e utilização dos sonhos

O objetivo da prática dos sonhos é realizar tudo que está além dos sonhos. Mas há também formas de utilização dos sonhos que são benéficas na vida cotidiana. Isto inclui tanto o uso de informações que trazemos dos sonhos quanto os benefícios diretos das experiências que temos em sonhos. No Ocidente, por exemplo, o uso da terapia dos sonhos é bastante difundido, e havendo muitos relatos de artistas e cientistas que utilizam a criatividade dos sonhos para beneficiar seu trabalho. Os tibetanos também utilizam os sonhos de várias maneiras. Esta seção descreve algumas dessas formas de utilização dos sonhos.

Capítulo 6

Três tipos de sonhos

Há três tipos de sonhos que constituem uma progressão na prática do sonho, embora não de forma exata: (1) sonhos samsáricos comuns, (2) sonhos de claridade, e (3) sonhos de clara luz. Os dois primeiros tipos se distinguem em termos de suas diferentes causas. Em ambos, o sonhador pode estar lúcido ou não lúcido. Em sonhos de clara luz, há consciência, mas não há dicotomia sujeito-objeto. Os sonhos de clara luz ocorrem com uma consciência não-dual.

Sonhos samsáricos

A maioria de nós geralmente tem sonhos samsáricos decorrentes de marcas kármicas e geralmente iniciados por uma experiência do dia ou do passado recente: uma interação, uma emoção ou um pensamento, uma imagem ou uma memória. O significado encontrado nesses sonhos é o que nós projetamos neles; é atribuído pelo sonhador e não inerente ao sonho. O mesmo ocorre com respeito ao significado na vigília. Isso não torna os sonhos significativos sem importância, assim como não torna o significado na vida em vigília sem importância. O processo é semelhante à leitura de um livro. Um livro é apenas um conjunto de palavras impressas no papel, mas, à medida que trazemos nosso senso de significado a ele, podemos extrair significado dele. E o significado de um livro, como o de um sonho, é sujeito à interpretação. Duas pessoas podem ler o mesmo livro e ter experiências totalmente diferentes – uma pessoa pode transformar toda sua vida com base no significado que encontrou nas páginas de um livro, enquanto um amigo pode achar o livro apenas um pouco interessante ou nem mesmo isso. O livro é o mesmo. Mas o significado é projetado nas palavras pelo leitor e depois é lido de volta.

Sonhos comuns (Surgem a partir de traços kármicos pessoais)	Não-lúcidos ou lúcidos
Sonhos de claridade (ou luminosidade) (Surgem a partir de traços kármicos transpessoais)	Não-lúcidos ou lúcidos
Sonhos de clara luz (Não-dualidade; sem dualidade sujeito-objeto)	Lúcidos

Sonhos de claridade

À medida que avançamos na prática dos sonhos, trazemos mais consciência para o sonho. Os sonhos se tornam mais claros e detalhados e nos lembramos de mais sonhos. Além dos sonhos comuns com mais consciência, há um segundo tipo de sonho chamado de sonho de claridade, ou de luminosidade. Esses sonhos surgem quando a mente e o prana se equilibram conforme o sonhador desenvolve a capacidade de permanecer em um estado de presença consciente. Ao contrário do sonho samsárico, no qual a mente é arrastada para cá e para lá pelo prana kármico, no sonho de claridade o sonhador permanece estável. Embora o sonho ainda seja dualista, as imagens e informações surgem menos com base em marcas e situações kármicas pessoais. Em vez disso, o conhecimento transpessoal está disponível; é como se algo fosse dado ou encontrado pelo sonhador, ao contrário do sonho samsárico, no qual o significado é projetado pelo sonhador na experiência do sonho.

Os sonhos de claridade são valorizados em muitas tradições espirituais. Eles parecem surgir da dimensão mais clara e mais aberta do sonhador. As tradições xamânicas e religiosas registram sonhos nos quais um diagnóstico é revelado ou uma cura ocorre, insights que mudam a vida são reconhecidos, ou profecias e ensinamentos são recebidos. Nos tempos modernos, muitos cientistas encontraram a resposta para problemas em um sonho, artistas descobriram novas direções e escritores encontraram novos enredos.

Os sonhos de claridade podem surgir ocasionalmente para qualquer pessoa, mas não são comuns até que a prática seja desenvolvida e estável. Para a maioria de nós, todos os sonhos são samsáricos, baseados em nossas vidas e emoções cotidianas. Mesmo que possamos ter um sonho sobre os ensinamentos, sobre os nossos professores, nossa prática, buddhas ou dakinis, é provável que o sonho ainda seja um sonho samsárico. Se estivermos envolvidos com uma prática e com uma tradição, sonharemos com essas coisas. É um sinal positivo porque significa que estamos engajados nos ensinamentos, mas esse engajamento é dualista e, portanto, ainda pertence ao reino do samsara. Há aspectos melhores e piores do samsara, e é bom estar totalmente engajado na prática e nos ensinamentos porque esse é o caminho para a liberação. Também é bom não confundir sonhos samsáricos com sonhos de claridade.

Se cometermos o erro de acreditar que os sonhos samsáricos estão nos oferecendo uma orientação confiável, mudar nossas vidas todos os dias tentando seguir os ditames dos sonhos pode se tornar um trabalho em tempo integral. É também uma forma de ficarmos presos ao drama pessoal, acreditando que todos os nossos sonhos são mensagens de uma fonte mais elevada e mais espiritual. Não é bem assim. Devemos prestar muita atenção aos sonhos e desenvolver alguma compreensão de quais têm importância e de quais são apenas manifestações de emoções, desejos, medos, esperanças e fantasias.

Sonhos de clara luz

Um terceiro tipo de sonho ocorre quando se está bem à frente no caminho: o sonho de clara luz. Ele surge a partir do prana primordial no canal central. Geralmente se fala da clara luz nos ensinamentos sobre o yoga do sono e indica um estado livre de sonho, pensamento e imagem; mas existe também o sonho de clara luz, no qual o sonhador permanece na natureza da mente. Esta não é uma realização facilmente obtida; o praticante precisa ter estabilidade na prática de presença consciente antes que o sonho de clara luz surja. Gyalshen Milu Samleg, autor de importantes comentários sobre o *Tantra Mãe*, conta que praticou consistentemente durante nove anos antes de começar a ter sonhos de clara luz.

Desenvolver a capacidade de ter sonhos de clara luz é semelhante a desenvolver a capacidade de permanecer na presença clara durante o dia. No início, mesmo depois de ter tido a experiência de rigpa, quando você fala, a conexão com o silêncio subjacente se perde. Quando você se move, a conexão com a quietude se perde. Quando você faz um plano ou presta atenção a um pensamento, a experiência de espaciosidade da consciência se perde. Mas quando a estabilidade em rigpa é desenvolvida, o pensamento simplesmente surge e se dissolve sem obscurecer rigpa. Assim, você pode falar, se mover e ser criativo enquanto permanece na presença clara.

Quando aprendemos a tocar o tambor e o sino em práticas rituais, no início, só conseguimos tocar um de cada vez. Se tocamos o sino, perdemos o ritmo do tambor e vice-versa. Depois de termos alguma estabilidade, conseguimos tocar os dois ao mesmo tempo. Isto é semelhante a integrar atividade e consciência clara; exige prática.

Sonho de clara luz não é o mesmo que sonho de claridade que, apesar de surgir de aspectos profundos e relativamente puros da mente, ainda ocorre na dualidade. O sonho de clara luz, mesmo emergindo de marcas kármicas do passado, não resulta em experiência dualista. O praticante não se reconstitui como um sujeito observador no mundo do sonho, mas permanece totalmente integrado a rigpa.

Os sonhos samsáricos surgem das marcas e emoções kármicas do indivíduo, e todo o conteúdo do sonho é formado por essas marcas e emoções. O sonho de claridade inclui um conhecimento mais objetivo, que surge de marcas kármicas transpessoais e está disponível à consciência quando não está enredado em marcas kármicas pessoais. A consciência não está, portanto, presa por espaço, tempo ou história pessoal, e o sonhador pode se encontrar com os seres, receber ensinamentos e encontrar informações úteis tanto para os outros como para si mesmo.

O sonho de clara luz não é definido pelo conteúdo do sonho. É um sonho de clara luz porque não há um sonhador subjetivo ou ego sonhador, não há um ego relacionado com o conteúdo do sonho. Embora o sonho surja, é uma atividade da mente que não perturba a estabilidade do praticante na clara luz.

Capítulo 7

Utilização dos sonhos

O maior valor dos sonhos está no contexto da jornada espiritual. Eles podem proporcionar experiências que motivam o sonhador a entrar no caminho espiritual e podem, mais tarde, ser um meio de determinar se a prática está sendo feita corretamente, quanto progresso está sendo feito e os pontos que requerem mais atenção. Mais importante ainda, eles podem ser usados como uma prática espiritual por si sós.

Como comentei no prefácio da primeira edição, frequentemente, antes de dar um ensinamento elevado, o professor espera que o aluno tenha um sonho indicando seu amadurecimento para receber o ensinamento. Outros sonhos podem demonstrar que o aluno realizou uma determinada prática, e, após ouvir o sonho, o professor pode determinar que está na hora de o aluno passar para outra prática.

Se prestarmos atenção aos sonhos, poderemos medir nossa própria maturidade na prática. Às vezes, no estado de vigília, achamos que estamos indo bastante bem, mas quando dormimos, descobrimos que pelo menos alguma parte de nós ainda está muito confusa ou presa na negatividade. Mas não devemos nos desencorajar. Quando diferentes aspectos da mente se manifestam em sonho e apontam o que precisamos trazer para a prática, podemos tirar proveito disso.

Quando a prática se torna forte, os resultados da prática se manifestam em sonho e nos darão confiança em nossos esforços.

Experiências nos sonhos

As experiências nos sonhos são muito flexíveis e somos livres para fazer muitas coisas que não conseguimos fazer quando estamos acordados. Isto inclui práticas para facilitar nosso desenvolvimento. Podemos curar feridas na psique, ou lidar com dificuldades emocionais que não conseguimos superar. Podemos remover bloqueios energéticos que podem inibir a circulação livre de energia no corpo. E podemos transpor os obscurecimentos na mente, levando a experiência para além das fronteiras e limitações conceituais.

Geralmente, essas tarefas são melhor realizadas depois de desenvolvermos a lucidez nos sonhos. Isto é mencionado aqui apenas como uma possibilidade. Na seção sobre prática, há mais detalhes sobre como praticar em um sonho lúcido.

Orientações e diretrizes

A maioria dos tibetanos, tanto mestres espirituais de grande realização quanto pessoas simples e comuns, consideram os sonhos uma fonte potencial de profundo conhecimento espiritual e de orientação para a vida cotidiana. Os sonhos são consultados para diagnosticar doenças, para indicar que práticas de purificação ou de esclarecimento são necessárias, ou para indicar que as relações com deidades e guardiões precisam de atenção. Esses usos dos sonhos podem ser vistos como supersticiosos, mas, em um nível profundo, os sonhos retratam o estado do sonhador e a condição de sua relação com diferentes energias. No Oriente, as pessoas reconhecem essas energias e se relacionam com elas como guardiões e espíritos protetores, e também como condições fisiológicas, mentais e espirituais. Na psicologia ocidental, muito disso não é aceito, mas os sonhos são examinados para identificar problemas emocionais ou situacionais, material psíquico suprimido, doenças incipientes e a atividade dos arquétipos. Os sonhos também são apreciados como uma fonte de prazer e criatividade.

Alguns tibetanos trabalham com sonhos ao longo de suas vidas como a principal forma de comunicação com aspectos mais profundos de si mesmos e com outros mundos. Minha mãe era um bom exemplo disso. Ela era uma praticante e uma mulher muito amorosa e bondosa. Muitas vezes ela contava seus sonhos a toda a família pela manhã quando estávamos reunidos para comer, especialmente quando o sonho tinha a ver com seu tutor e protetor, Namthel Karpo.

Namthel é um guardião da parte norte do Tibete, Hor, onde minha mãe foi criada. Embora sua prática fosse conhecida em todo o Tibete, ele era particularmente importante na aldeia e nos arredores em que ela vivia. Minha mãe fazia sua prática, mas meu pai não e, muitas vezes, ele a provocava depois que ela contava seus sonhos.

Lembro-me claramente de minha mãe nos contando um sonho no qual Namthel vinha até ela. Ele estava vestido, como sempre, com vestes brancas e brincos de concha e tinha cabelos compridos. Naquela ocasião, ele parecia furioso. Ele entrou pela porta e jogou um saquinho no chão. Ele disse: "Eu sempre falo para você se cuidar, mas você não faz um bom trabalho". Ele olhou profundamente nos olhos de minha mãe e depois desapareceu.

Quando acordou pela manhã, minha mãe não tinha muita certeza sobre o significado do sonho. Mas, à tarde, uma senhora que às vezes trabalhava em nossa casa tentou roubar nosso dinheiro. Ela tinha escondido debaixo de suas roupas, mas quando caminhou na frente de minha mãe, o dinheiro caiu ali mesmo. Estava em um saquinho idêntico ao que minha mãe viu no sonho. Minha mãe pegou o saquinho do chão e, dentro dele, estava todo o nosso dinheiro. Ela considerou que essa foi uma atividade de proteção por parte de seu tutor e acreditou que Namthel havia feito com que o saquinho caísse no chão.

Namthel apareceu nos sonhos de minha mãe ao longo de toda a sua vida, sempre na mesma forma. Embora as mensagens dele variassem, geralmente eram sonhos destinados a ajudá-la de alguma forma, para protegê-la e guiá-la.

Até os dez anos de idade, estudei em uma escola cristã; mais tarde, meus pais me tiraram de lá e entrei no Monastério Menri. Um dos monges, Gen Sengtuk, às vezes me contava seus sonhos. Lembro-me claramente de alguns deles porque eram semelhantes aos da minha mãe. Muitas vezes ele sonhava com Sidpé Gyalmo, um dos mais importantes e antigos protetores iluminados da tradição Bön, embora sua prática também seja conhecida nas outras escolas budistas tibetanas. No Palácio de Potala, no Tibete, há uma sala que abriga seu santuário. Os sonhos de Gen Sengtuk sobre ela o guiaram na vida e na prática.

Sidpé Gyalmo não aparecia em seus sonhos como o ser feroz que vemos nas pinturas dos templos e nas salas de meditação. Em vez disso, ele a via como uma mulher humana muito velha, de cabelos grisalhos, num corpo que já não era mais ereto, usando uma bengala. Gen Sengtuk sempre a encontrava em um vasto deserto onde ela tinha uma tenda. Ali não vivia mais ninguém. O monge lia suas expressões, se seu rosto estava feliz ou triste, ou se havia raiva na maneira como ela se movia. Lendo-a dessa maneira, ele sabia, de alguma forma, o que fazer para ultrapassar obstáculos em sua prática ou para mudar certas coisas em sua vida em uma direção mais positiva. Era assim que ela o guiava através dos sonhos. Ele manteve uma conexão estreita com ela, surgindo de maneira semelhante ao longo de toda a sua vida. Suas experiências com ela são bons exemplos de sonhos de claridade.

Eu ainda era menino, mas me lembro de um dia em que, ao ouvir o monge contando um de seus sonhos, de repente me dei conta de que era como se ele tivesse um amigo em um lugar diferente. Achei que seria bom ter alguns amigos com quem brincar nos sonhos; durante o dia, eu não podia brincar muito, pois os estudos eram muito intensivos e os professores rigorosos. Era assim que eu pensava naquele tempo. Veja como nossa compreensão do sonho e da prática dos sonhos – e nossa motivação para fazer a prática – pode se aprofundar e amadurecer à medida que crescemos.

Adivinhação

Muitos mestres de meditação, graças à estabilidade de sua prática meditativa, são capazes de usar sonhos de claridade para adivinhação. Para isso, o sonhador deve ser capaz de se libertar da maioria das marcas kármicas pessoais que normalmente moldam o sonho. Caso contrário, a informação não é obtida do sonho, mas é projetada sobre o sonho, como acontece normalmente nos sonhos samsáricos. Na tradição Bön, esse uso dos sonhos é considerado um dos vários métodos de adivinhação xamânica e é bastante comum entre os tibetanos. Não é raro que um aluno peça orientação a seu professor a respeito de um projeto ou sobre como superar um obstáculo. Muitas vezes o professor utiliza os sonhos para encontrar uma resposta para o aluno.

Por exemplo, quando estive no Tibete, conheci uma mulher tibetana realizada chamada Khachod Wangmo. Ela era muito poderosa e uma descobridora de tesouros (*terton*) que havia redescoberto muitos ensinamentos ocultos. Perguntei a ela sobre meu futuro, uma pergunta geral sobre os obstáculos que eu encontraria e assim por diante. Pedi a ela que tivesse um sonho de claridade para mim.

Comumente, nessa situação, o sonhador pede algum objeto da pessoa que solicita o sonho. Eu dei a Khachod Wangmo a camiseta que eu estava usando. A camiseta me representava energeticamente e, concentrando-se nela, ela seria capaz de se conectar comigo. Ela a colocou debaixo do travesseiro naquela noite e teve um sonho de claridade. Pela manhã, ela me deu uma longa explicação do que estava por vir em minha vida, as coisas que eu deveria evitar e as coisas que eu deveria fazer. Foi uma orientação clara e útil.

Às vezes os alunos perguntam se um sonho que nos conta algo

sobre o futuro significa que o futuro é fixo. Na tradição tibetana, acreditamos que não. As causas de todas as coisas que podem acontecer já estão presentes, neste momento. A forma como reagimos à vida no passado e como reagimos agora planta sementes que condicionam nossa experiência futura. Mas as causas secundárias necessárias para a manifestação das sementes kármicas não são fixas; elas são circunstanciais. É por isso que a prática é eficaz e a doença pode ser curada; podemos alterar o condicionamento kármico o suficiente para que, quando encontrarmos a causa secundária, possamos escolher uma resposta com sabedoria ao invés de reagir a partir do condicionamento anterior. Se tivermos um sonho sobre o amanhã, o amanhã vier e tudo acontecer como aconteceu em nosso sonho, isso não significa que o futuro é fixo e não pode ser mudado; significa que não mudamos nada.

Lembro-me de um exemplo disso de quando eu era jovem. Era um dia chamado Diwali na Índia, tradicionalmente celebrado com fogos de artifício. Meus amigos e eu não tínhamos dinheiro para comprar rojões e, então, procuramos por alguns que já tinham sido acendidos, mas não tinham explodido. Juntamos esses rojões e tentamos acendê-los de novo. Eu era muito jovem, tinha quatro ou cinco anos de idade. Um dos rojões estava um pouco molhado e eu o coloquei sobre um carvão em chamas. Fechei os olhos e soprei e, é claro, que ele explodiu.

Por um momento não via nada além de estrelas, e logo depois me lembrei do sonho que tive na noite anterior. Era exatamente igual, a experiência toda. No sonho, as marcas kármicas me levaram à imprudência que senti quando jovem. A condição secundária foi a celebração no dia seguinte. Teria sido muito mais útil se eu tivesse me lembrado do sonho antes do incidente, e não depois! Se tivesse lembrado, poderia ter escolhido ser mais cuidadoso, e o sonho teria parecido falso quando, na verdade, havia estimulado uma mudança na maneira como agi. Há muitos casos como este, nos quais as causas de situações futuras são tecidas em um sonho sobre um futuro que é provável, mas que não necessariamente, de fato, irá se concretizar.

Às vezes, em um sonho, podemos reconhecer causas e resultados que afetam outras pessoas. Quando eu estava no Tibete, meu professor, Lopon Tenzin Namdak, teve um sonho e me disse que era muito importante que eu fizesse uma determinada prática conectada a um dos guardiões. Comecei a fazer a prática por muitas horas todos os dias enquanto viajava, tentando influenciar o que quer que ele tivesse visto em seu sonho. Alguns dias depois, eu estava viajando em um caminhão em uma pequena estrada no alto das montanhas. Os motoristas, naquela parte do Tibete, são pessoas selvagens, nômades, com pouco medo da morte. O caminhão bem grande, lotado com trinta passageiros e muita bagagem pesada, tombou quando o pneu caiu em um buraco.

Eu saí e olhei para baixo. Não estava com muito medo. Mas vi que o caminhão estava apoiado em uma pedra que o impedia de deslizar para um vale; a queda era tão grande, que uma pedra atirada para baixo levou o que pareceu ser um longo tempo para chegar ao fundo. Aí sim meu coração começou a bater forte! Senti medo, percebendo que uma pedra era tudo o que havia entre nós e a morte, que impedia que minha vida terminasse como uma breve história.

Quando vi qual era a situação, pensei: "É isso! Foi por isso que tive que fazer a prática do guardião". Era isso que meu professor tinha visto em seu sonho e era essa a razão de ele me dizer para fazer a prática. Um sonho pode não ser muito específico, mas ainda assim pode transmitir a sensação e as imagens de que algo está a caminho e que precisa ser tratado. Esse é um benefício que podemos receber ao trabalhar com nossos sonhos.

Ensinamentos em sonhos

Nas tradições tibetanas, há inúmeros exemplos de praticantes que recebem ensinamentos em sonhos. Muitas vezes os sonhos vêm em sequência, o sonho de cada noite começa onde o sonho da noite anterior havia terminado, transmitindo, dessa forma, ensinamentos inteiros e detalhados até que se chegue a um ponto preciso e apropriado de conclusão. Desse modo, a sequência dos sonhos chega ao final. Ensinamentos extensos têm sido "descobertos" dessa forma, incluindo muitas das práticas às quais os tibetanos têm se dedicado por séculos. Isso é o que chamamos de "tesouro de mente" (*gong-ter*).

Imagine entrar em uma caverna e encontrar um livro de ensinamentos escondidos em seu interior. Isso é encontrar os ensinamentos em um espaço físico. Os tesouros de mente são encontrados na consciência e não no mundo físico. Os mestres são conhecidos por serem capazes de encontrar esses tesouros tanto em sonhos de claridade quanto na vigília. Para receber esse tipo de ensinamento em um sonho, o praticante deve ter desenvolvido certas habilidades, como, por exemplo, estabilizar na lucidez sem se identificar com o eu convencional. O praticante cuja luminosidade não é obstruída por marcas kármicas e sonhos samsáricos tem acesso à sabedoria inerente à consciência clara.

Os ensinamentos autênticos descobertos nos sonhos não vêm do intelecto. Não é como ir à biblioteca, fazer pesquisas e depois escrever um livro, usando o intelecto para coletar e sintetizar informações como faz um estudioso. Embora muitos ensinamentos importantes provenham do intelecto, eles não são considerados tesouros da mente. A sabedoria dos buddhas é auto-originada, emerge das profundezas da consciência, completa em si mesma. Isso não significa que os ensinamentos dos tesouros de mente não são semelhantes aos ensinamentos existentes; eles são. Esses ensinamentos podem ser encontrados em diferentes culturas e diferentes períodos históricos e é possível serem semelhantes mesmo que não sejam influenciados uns pelos outros. Os historiadores trabalham rastreando um ensinamento no tempo para apontar como ele foi influenciado por um ensinamento semelhante, onde a conexão histórica ocorreu e assim por diante e, muitas vezes, eles encontram essas ligações. Mas a verdade é que esses ensinamentos surgem espontaneamente dos humanos quando eles atingem um certo ponto em seu desenvolvimento, e isso ocorre em várias culturas e épocas. Os ensinamentos são inerentes à sabedoria fundamental da consciência primordial que qualquer cultura pode acessar. Eles não são apenas ensinamentos budistas ou Bön; são ensinamentos de sabedoria da humanidade.

Se tivermos karma para ajudar outros seres, os ensinamentos de um sonho podem ser benéficos para os outros. Mas também pode acontecer, se tivermos karma com uma linhagem, por exemplo, que os ensinamentos descobertos em um sonho se destinem particularmente para nossa própria prática, talvez um remédio específico para superar um obstáculo.

Capítulo 8

A descoberta da prática de chöd

Muitos mestres do passado utilizaram os sonhos como uma importante porta de sabedoria através da qual descobriram ensinamentos, fizeram conexões com mestres que estavam distantes no tempo e no espaço, e desenvolveram a capacidade de ajudar outros. Tudo isso é ilustrado na história de Tongjung Thuchen, um grande mestre Bön. Acredita-se que ele tenha vivido no século VIII. Em uma série de sonhos, ele descobriu a prática de chöd do Bön, uma prática de visualizações para cultivar a generosidade e cortar o apego.

Quando Tongjung Thuchen tinha seis anos de idade, ele já era muito versado sobre os ensinamentos. Aos doze anos, já fazia retiros longos e tinha experiências de sonho notáveis nas quais descobriu ensinamentos, conheceu e recebeu ensinamentos de outros mestres. Uma vez, quando estava em um retiro fazendo uma prática intensa de Walsai, uma das importantes deidades tântricas do Bön, ele foi chamado por seu mestre. Ele saiu do retiro e viajou para a casa de um dos patronos de seu mestre onde estava hospedado.

Na noite em que chegou, sonhou que uma bela mulher o conduzia por paisagens desconhecidas até chegar a um grande cemitério. Muitos cadáveres jaziam no chão. No centro, havia uma grande tenda branca recoberta com ornamentos e rodeada por belas flores. No centro da tenda, uma mulher morena estava sentada em um grande trono.

Ela usava um vestido branco e seus cabelos estavam ornamentados com turquesa e ouro. Muitas dakinis estavam reunidas ao redor dela, falando as línguas de muitos países diferentes e levando Tongjung Thuchen a entender que elas eram de terras distantes.

A dakini morena desceu de seu trono, trouxe um crânio cheio de sangue e carne para Tongjung Thuchen e o alimentou com o conteúdo do crânio. Enquanto fazia isso, ela lhe dizia para aceitar aquilo como oferendas puras em preparação para uma importante iniciação que ela e as outras dakinis iriam conceder.

Então ela disse: "Possa você atingir a iluminação no espaço da Grande Mãe. Eu sou Sidpé Gyalmo, a detentora dos ensinamentos Bön, a Rainha Morena da Existência. Este ensinamento-iniciação é a raiz quintessencial do Tantra Mãe. Concedo esta iniciação para que você possa dar estas iniciações e ensinamentos a outros". Tongjung Thuchen foi conduzido a um grande trono. Depois de receber um chapéu cerimonial, um manto de iniciação e implementos rituais de Sidpé Gyalmo, ela o surpreendeu, pedindo que concedesse a iniciação às dakinis ali reunidas.

Tongjung Thuchen disse: "Ah não, eu não posso dar a iniciação. Eu não sei como fazer isso. Estou muito envergonhado".

Sidpé Gyalmo o tranquilizou. "Não se preocupe. Você é um grande mestre. Você recebeu todas as iniciações dos trinta mestres do Tibete e Zhang Zhung. Você pode nos dar essa iniciação".

"Mas eu não sei como cantar as preces durante a iniciação", protestou Tongjung Thuchen.

Sidpé Gyalmo disse: "Eu o ajudarei e todos os protetores lhe darão poder". Não há nada a temer. Por favor, conceda-nos a iniciação".

Naquele momento, toda a carne e o sangue na tenda se transformaram em manteiga, açúcar, alimentos diversos, remédios e flores. As dakinis lançaram flores sobre ele. De repente, ele percebeu que sabia como dar a iniciação para o Tantra Mãe, e assim o fez. Depois disso, as dakinis o agradeceram. Sidpé Gyalmo disse: "Em cinco anos, as dakinis dos oito grandes cemitérios se encontrarão, junto com muitos mestres. Se você vier, nós lhe daremos mais ensinamentos do Tantra Mãe".

As dakinis e Tongjung Thuchen se despediram e Sidpé Gyalmo disse que ele deveria partir. Uma dakini vermelha escreveu uma sílaba *yam* sobre um lenço, representando o elemento vento, balançou-o no ar e pediu que ele tocasse o lenço com seu pé direito. No momento em que o fez, ele voltou ao seu corpo e se deu conta de que estava dormindo.

Ele dormiu por um tempo tão longo que seus anfitriões temiam que ele estivesse morto. Quando finalmente acordou, seu mestre lhe perguntou por que havia dormido tanto tempo. Ele contou o sonho a seu mestre, que lhe disse que era maravilhoso, mas também o advertiu para mantê-lo em segredo para que não se tornasse um obstáculo. O mestre disse a Tongjung Thuchen que um dia ele seria um professor e, assim, lhe deu uma bênção para empoderar seus ensinamentos futuros.

No ano seguinte, Tongjung Thuchen estava em retiro quando, uma noite, foi visitado por três dakinis. Elas traziam lenços verdes e com eles tocaram seus pés. Quando o fizeram, ele perdeu a consciência por um breve instante e depois despertou em um sonho.

Ele viu três cavernas voltadas para o leste. Em frente às cavernas havia um lindo lago. Ele entrou na caverna central. O interior da caverna era maravilhosamente decorado com flores. Ali ele encontrou três mestres, cada um vestido de maneira diferente com vestes de iniciação esotérica. Eles estavam rodeados por dakinis que tocavam instrumentos musicais, dançavam, faziam oferendas, preces e realizavam outras atividades sagradas.

Os três mestres lhe deram iniciações para despertá-lo para o estado natural, para fazê-lo recordar suas vidas passadas e deram permissão para que ele ensinasse a prática do chöd. O mestre principal ficou em pé e disse: "Você possui todos os ensinamentos sagrados. Você recebeu as iniciações e nós o abençoamos para fortalecer sua capacidade de ensinar". O mestre que se sentava à direita levantou-se e disse: "Nós o iniciamos em todos os ensinamentos gerais, nas filosofias lógicas usadas para cortar o ego, no uso da mente conceitual para liberar delusões e nas práticas de chöd. Nós o abençoamos para que possa ensinar essas práticas e dar continuidade a elas".

O mestre à esquerda levantou-se e disse: "Vou conceder o ensinamento tântrico sagrado que é o coração de todos os mestres do Tibete e Zhang Zhung. Nós o iniciamos e o abençoamos através desses ensinamentos para que possa ajudar os outros".

Todos os três mestres haviam sido importantes mestres Bön que viveram por volta do final do século VII, mais de quinhentos anos antes do nascimento de Tongjung Thuchen.

Algum tempo depois, após a morte de seu mestre, Tongjung Thuchen retornou à pequena aldeia de seu mestre e fez rituais e práticas para as pessoas de lá. Em numerosas ocasiões, tanto durante curtas meditações como em retiros, ele foi visitado por vários mestres em visões. Ele teve a experiência de enxergar o interior de seu próprio corpo, onde os canais e as energias eram claros como cristal. Muitas vezes, quando ele andava, seus pés não tocavam o chão e ele conseguia andar muito, muito rápido usando a força de seu prana.

Passaram-se mais quatro anos. A dakini morena de seu sonho, a manifestação de Sidpé Gyalmo, havia dito que se encontrariam novamente após cinco anos, e o momento havia chegado. Um dia ele cochilou em uma caverna e, durante o sono, rezou a todos os mestres. Ao acordar, olhou para o céu perfeitamente claro e límpido. Uma pequena brisa se levantou e duas dakinis vieram até ele, cavalgando o vento, dizendo-lhe que deveria acompanhá-las.

Ele as acompanhou à reunião das dakinis, as mesmas dakinis de muitas diferentes terras que ele havia encontrado no sonho de cinco anos atrás. Ele recebeu transmissões e explicações sobre as práticas de chöd e sobre o Tantra Mãe. As dakinis previram um momento futuro em que bodisatvas e doze mestres abençoados iriam aparecer e Tongjung Thuchen daria ensinamentos. Cada dakini fez uma promessa para ajudá-lo a ensinar. Uma disse que agiria como guardiã dos ensinamentos, outra disse que abençoaria os ensinamentos, outra disse que protegeria os ensinamentos de palavras e interpretações errôneas, e assim por diante. Sidpé Gyalmo se comprometeu a agir como protetora dos ensinamentos. Uma a uma, as dakinis reunidas declararam quais responsabilidades assumiriam para ajudar na disseminação dos ensinamentos. Elas disseram que os ensinamentos se espalhariam nas dez direções, como os raios do sol, por todas as partes do mundo. Essa profecia foi muito importante e encorajou aqueles que hoje aprendem essas práticas, porque sabemos que elas estão se espalhando por toda a Terra.

Os sonhos de Tongjung Thuchen são bons exemplos de sonhos de claridade. Ele recebeu informações precisas em um sonho sobre outro sonho importante que ele teria no futuro. Recebeu ensinamentos e iniciações e foi auxiliado por dakinis e outros mestres. No início de sua vida, apesar de ter realizações, ele não conhecia todo o seu potencial até que este lhe foi revelado em um sonho. Através das bênçãos recebidas em sonhos, ele despertou para diferentes dimensões da consciência e foi reconectado à parte de si mesmo que havia aprendido e desenvolvido em vidas passadas. Ele continuou avançando em seu caminho através de seus sonhos, recebendo ensinamentos e encontrando-se com mestres e dakinis ao longo de toda a sua vida.

O mesmo pode acontecer para todos nós. Como praticantes, encontraremos uma continuidade que se desenvolve na parte de nossas vidas que passamos sonhando. Isso é muito valioso em nossa jornada espiritual. O sonho se torna parte de um processo que nos reconecta a nós mesmos e amadurece nosso desenvolvimento espiritual.

Capítulo 9

Dois níveis de prática

Certa noite, há muitos anos, sonhei que uma cobra estava em minha boca. Puxei-a para fora e vi que ela estava morta. Foi bastante desagradável. Chegou uma ambulância à minha casa e os paramédicos me disseram que a cobra era venenosa e que eu estava morrendo. Eu disse: "Tudo bem".

Eles me levaram para o hospital. Eu estava com muito medo e disse que precisava ver uma estátua do mestre Dzogchen Tapihritsa antes de morrer. Os paramédicos não sabiam quem ele era, mas concordaram com meu pedido e me disseram que eu teria que esperar um pouco para morrer, o que me tranquilizou. Mas, para minha surpresa, trouxeram a estátua imediatamente. Minha desculpa para adiar a morte não funcionou por muito tempo. Então disse a eles que a morte não existia; esta era agora a minha muleta. Assim que disse isso, acordei com o coração acelerado.

Era véspera de Ano Novo e, no dia seguinte, eu deveria voar de Houston para Roma. Por estar me sentindo desconfortável depois do sonho, pensei que talvez devesse levá-lo a sério e cancelar meus planos de viagem. Eu queria ouvir o conselho do meu professor. Voltei a dormir e, em um sonho lúcido, visitei o Lopon no Nepal e lhe contei sobre o sonho perturbador.

Naquela época, Houston estava tendo muitos problemas com

inundações. Meu professor interpretou que o significado do sonho era de que eu estava representando um *garuda*, o pássaro místico que tem poder sobre os nagas, os espíritos semelhantes a serpentes aquáticas. Lopon disse que o sonho significava que o garuda estava conquistando os espíritos da água que estavam provocando a inundação. Essa interpretação fez com que me sentisse bem melhor. No dia seguinte, fui para Roma, como planejado. Este é um exemplo de utilização do sonho lúcido para algo prático, para a tomada de decisões.

Tudo isso pode soar estranho e inacreditável. O verdadeiro objetivo é desenvolver a flexibilidade da mente e transpor os limites que a restringem. Com mais flexibilidade, podemos aceitar melhor o que surge sem sermos influenciados por expectativas e desejos. Mesmo que ainda estejamos limitados pelo apego e aversão, esse tipo de prática espiritual trará benefícios para nossa vida cotidiana.

Se eu estivesse realmente vivendo com a realização de que a morte não existe e de que ninguém morre, eu não teria procurado uma interpretação do sonho como eu fiz neste caso, pelo fato de o sonho ter me deixado ansioso. Nosso desejo de interpretação de um sonho se baseia em esperança e medo; queremos saber o que evitar e o que estimular, queremos obter compreensão a fim de mudar algo. Quando realizamos nossa verdadeira natureza, não precisamos procurar um sentido. Estamos além de esperança e medo e o significado de um sonho perde a importância; nós simplesmente vivenciamos plenamente tudo o que se manifesta no momento presente. Nenhum sonho, portanto, pode causar ansiedade.

O yoga dos sonhos abrange toda a nossa vida e se aplica a todas as dimensões da experiência. Isto pode levar a um sentimento de conflito entre a visão filosófica mais elevada e determinadas instruções. Por um lado, a visão é ilimitada; os ensinamentos da não-dualidade e da realidade não convencional declaram que não há nada a realizar, que buscar é perder, que o esforço nos afasta da nossa verdadeira natureza. Por outro lado, há práticas e ensinamentos que só fazem sentido em termos de esperança e medo. São dadas instruções sobre como interpretar sonhos, pacificar os guardiões locais e realizar práticas de longa vida, e o aluno é incentivado a praticar com diligência e a manter o foco da mente. Parece que estão nos dizendo que não há nada a realizar, mas também que precisamos trabalhar duro.

Às vezes essa contradição leva o praticante a uma confusão em relação à prática. A questão que se coloca é: "Se a realidade última é vazia de distinções, e se a liberação é encontrada na realização dessa natureza vazia, então por que devo fazer práticas que visam resultados relativos"? A resposta é simples. Por vivermos em um mundo dualista e relativo, fazemos práticas eficazes nesse mundo. Na existência samsárica, dicotomias e polaridades têm significado; há maneiras certas e erradas, melhores e piores de agir e pensar com base nos valores de diferentes religiões, escolas espirituais, sistemas filosóficos, ciência e cultura. Precisamos respeitar as circunstâncias nas quais estamos limitados. Quando se vive no samsara, as práticas convencionais se aplicam e a interpretação dos sonhos pode ser muito útil.

Em nossas vidas convencionais, fazemos escolhas e podemos mudar as coisas; é por isso que estudamos os ensinamentos, é por isso que praticamos. À medida que compreendemos mais e nos tornamos mais hábeis em nossas vidas, nós nos tornamos mais flexíveis. Começamos a entender realmente as coisas que nos ensinam: o que é lucidez, o que é ilusório sobre nossas experiências, como surge o sofrimento, qual é a nossa verdadeira natureza. Quando começamos a ver como as coisas que fazemos é causa de sofrimento, podemos optar por fazer algo diferente. Ficamos cansados das identidades limitadas e das inclinações repetitivas que levam a tanto sofrimento desnecessário. Soltamos os estados emocionais negativos, treinamos para superar a distração e permanecemos na presença pura.

O mesmo ocorre com os sonhos. Existe uma progressão na prática. Conforme a prática se desenvolve, descobrimos que há outras maneiras de sonhar. Então passamos para práticas de sonho não convencionais, em que a história e suas interpretações não são importantes. Passamos a trabalhar mais nas causas dos sonhos do que nos sonhos em si.

Não há razão para não usar o yoga dos sonhos para atingir objetivos mundanos. Algumas das práticas abordam preocupações relativas e levam ao uso do sonho para fins como saúde, adivinhação, orientação, purificação de tendências kármicas e psicológicas não saudáveis, cura e assim por diante. O caminho é prático e adequado para todos. Mas, embora o uso do yoga dos sonhos para nos beneficiar no mundo relativo seja bom, é um uso provisório da prática. Precisei da interpretação do meu sonho da cobra porque tive medo da morte. É importante saber que minha necessidade foi baseada no medo e que, quando permaneço na presença não-dual, não há medo e não preciso de interpretação. Utilizamos o que é útil para a situação em que nos encontramos. Quando vivemos apenas na natureza da mente, o estado em que a realidade é verdadeiramente desprovida de distinções, não precisamos fazer práticas relativas. Não há necessidade de interpretação do sonho porque não há necessidade de nos redirecionar, não há um eu autocentrado para redirecionar. Não precisamos consultar um sonho sobre o futuro porque não há esperança e nem medo em relação ao futuro. Não precisamos olhar para o sonho em busca de significado. Estamos completamente presentes em tudo o que surge, sem aversão ou atração, porque estamos vivendo na verdade.

Parte Três

A prática do yoga dos sonhos

Capítulo 10

Visão, ação, sonho, morte

Aquele que não está lúcido na visão,
Não estará lúcido no comportamento.
Aquele que não está lúcido no comportamento,
Não estará lúcido no sonho.
Aquele que não está lúcido no sonho,
Não estará lúcido no bardo da morte.
Tantra Mãe (Ma Gyud)

"Visão", neste contexto, não se refere apenas a fenômenos visuais. Visão é toda percepção, sensação, pensamento e emoção que surgem na consciência: a totalidade da experiência.

Não ter lucidez na visão significa estar deludido, confundir as projeções e fantasias da mente em movimento com a realidade e viver nessa ilusão.

Empurrados de um lado para o outro por desejo e aversão, lutando para obter prazer e tentando evitar a dor, nosso condicionamento determina as reações que temos ao que encontramos fora e dentro de nossas mentes. Isso é não ter lucidez na ação, no comportamento.

Por exemplo, se alguém diz algo negativo – ataca você, desafia, fere ou rejeita – você fica imediatamente preso em sua história e reage a partir do seu condicionamento, ficando zangado, defensivo ou ferido. Você perde a conexão com a lucidez clara; não tem mais a sensação de espaciosidade dentro de você. Você se perde no sonho acordado. Primeiro, isso é não ter lucidez na visão; depois reagir sem consciência plena é não ter lucidez no comportamento.

Quando, na meditação ou na vida cotidiana, você está estável na lucidez clara, você está inteiro. Está completo. Quando sente algo que vem de fora, você não se deixa abalar. Apenas deixa a experiência surgir. Não se sente ameaçado ou magoado porque reconhece a natureza semelhante ao sonho da interação. Quando alguém diz algo negativo, você escuta, ouve e deixa passar. Isso é estar lúcido na visão.

Quando você permanece na paz da lucidez clara, pode sentir compaixão pelo agressor, vendo que a pessoa está perdida em seu próprio sonho. Você pode responder com cuidado; não precisa vencer a desavença. Isso é estar lúcido na ação, estar lúcido no comportamento.

Os sonhos durante o sono surgem do mesmo condicionamento que rege nossa experiência de vigília. Se estivermos muito distraídos para atravessar as fantasias e delírios da mente em movimento durante o dia, provavelmente estaremos presos às mesmas limitações no sonho. O fenômeno do sonho evocará em nós as mesmas emoções e reações nas quais nos perdemos quando acordados, mesmo que estejamos lúcidos no sonho, dificultando o desenvolvimento da lucidez e o engajamento em outras práticas. Isso é não estar lúcido no sonho.

À medida que praticamos o yoga dos sonhos, trazemos continuamente a consciência para o momento imediato da experiência enquanto estamos acordados. Conforme desenvolvemos mais consistência, essa lucidez será encontrada no sonho. Enquanto estamos acordados e atentos ao momento, praticamos respondendo ao que surge com habilidade. Com o tempo, poderemos fazer o mesmo no sonho. Haverá mais lucidez, mais respostas hábeis ao que surgir, mais capacidade de transformar as situações e as nossas identidades. Isso é ter lucidez no sonho.

Entramos no bardo, o estado intermediário após a morte, do mesmo modo que entramos no sonho após adormecermos. Se faltar lucidez em nossa experiência de sonho e se estivermos imersos em estados emocionais confusos e na reatividade habitual, teremos treinado para vivenciar os processos da morte da mesma maneira. Reagiremos de forma dualística e inconsciente às visões que surgem no estado intermediário: as imagens, as emoções e os sentimentos.

Nosso renascimento futuro será determinado pela tendência kármica que cultivamos na vida. Isso é falta de lucidez no bardo.

Se você estiver lúcido na vida em vigília e no sonho, capaz de permanecer na lucidez clara, não se perderá na história. Terá a capacidade de alcançar a liberação na morte. Isso é estar lúcido no bardo.

Portanto, esta é a sequência: lucidez no primeiro momento da experiência e em resposta à experiência na vida em vigília, no sonho e na morte. Não podemos começar pelo final. Três deles podemos praticar todos os dias e noites; a morte só poderemos praticar uma vez nesta vida.

Verifique por si mesmo o grau de maturidade da sua prática. Ao encontrar os fenômenos da sua vida, examine suas reações, seus sentimentos e pensamentos. Sua mente e seu coração permanecem abertos quando você encontra algo ou alguém que você acha desagradável? Você é lançado em estados emocionais negativos pela atração ou aversão? Ou consegue manter uma presença lúcida e estável nas diversas situações? A prática do yoga dos sonhos cultiva a estabilidade da lucidez necessária para se libertar do condicionamento e da reatividade. Desenvolva a estabilidade da lucidez durante o dia e você desenvolverá, cada vez mais, estabilidade da lucidez à noite. Seus sonhos se transformarão de maneira extraordinária.

Capítulo 11

O calmo permanecer: zhiné

Todas as disciplinas yogues e espirituais incluem alguma forma de treinamento mental para fortalecer a concentração e acalmar a mente o suficiente para que ela não se distraia na prática. Na tradição tibetana, esta prática é chamada de calmo permanecer (zhiné). Reconhecemos três estágios no desenvolvimento da estabilidade: zhiné com esforço, zhiné natural e zhiné última. A prática de zhiné começa com a ancoragem mental em um objeto. Quando a concentração está suficientemente forte, passamos para a prática de ancoragem sem objeto.

Comece a prática sentado na postura de meditação de cinco pontos: pernas cruzadas, mãos sobrepostas no colo em posição de meditação com as palmas para cima, uma sobre a outra. A coluna vertebral deve estar ereta, mas não rígida, a cabeça ligeiramente inclinada para baixo para endireitar a parte de trás do pescoço, e os olhos abertos. Se a postura for muito desconfortável ou impossível, sente-se em qualquer postura que permita que a coluna fique ereta, com a cabeça levemente inclinada e os olhos abertos.

Os olhos devem estar relaxados, nem muito abertos e nem muito fechados. Posicione o objeto de concentração de modo a permitir que os olhos fiquem voltados diretamente para frente, nem para cima nem para baixo. Durante a prática, tente não se mover, nem mesmo engolir ou piscar, mantendo a mente focada exclusivamente no objeto.

Mesmo que as lágrimas escorram pelo seu rosto, tente não se mover. Deixe a respiração ser natural.

Geralmente usamos como objeto de concentração a letra tibetana *A*, representada nas imagens a seguir. Ela tem muitos significados simbólicos, mas aqui é usada simplesmente como um suporte para o desenvolvimento do foco. Outros objetos podem ser usados – a letra A do alfabeto português, uma imagem, o som de um mantra, a respiração –praticamente qualquer coisa. No entanto, é bom usar algo conectado ao sagrado, que possa servir de inspiração. Se possível, use o mesmo objeto cada vez que praticar em vez de alternar entre objetos; a continuidade apoia a prática. Também é preferível focar em um objeto físico fora do corpo, porque o objetivo é desenvolver estabilidade durante a percepção dos objetos externos e, mais adiante, dos objetos em sonhos.

Letra tibetana A

Se você escolher usar a letra tibetana A, baixe a imagem da Internet ou desenhe-a em um pedaço de papel com cerca de 2,5 centímetros quadrados. Tradicionalmente, a letra é branca, inserida em cinco círculos coloridos concêntricos: o círculo central, o pano de fundo para o A, é índigo; em torno dele há um círculo azul, depois verde, vermelho, amarelo e branco, mas você pode simplificá-la em papel preto e branco. Cole o papel a um bastão de comprimento suficiente para manter o papel na altura dos olhos quando você se sentar para praticar, fazendo uma base que o mantenha em pé. Ou cole a imagem na parede na altura dos olhos, cerca de 45 ou 60 centímetros à frente dos olhos, ou onde seja mais confortável para repousar seu olhar.

Conforme a concentração se fortalece e os períodos de prática se prolongam, podem surgir sensações incomuns no corpo e fenômenos visuais estranhos. Você pode também sentir sua mente fazendo coisas estranhas. Tudo bem. Essas experiências são parte natural do desenvolvimento da concentração; elas surgem à medida que a mente se acomoda. Não se deixe perturbar nem se entusiasme com elas.

Letra tibetana A

Zhiné com esforço

A primeira etapa da prática é chamada de "zhiné com esforço". Normalmente, a mente se distrai fácil e rapidamente. Pode parecer impossível permanecer focado no objeto por um minuto sequer. No início, em vez de uma sessão longa, é conveniente praticar em numerosas sessões curtas, alternando com intervalos. Não deixe a mente vaguear durante os intervalos. Em vez disso, recite um mantra; trabalhe com uma visualização; ou envolva-se em outra prática que você conheça, como, por exemplo, o desenvolvimento da compaixão. Após o intervalo, volte à prática da ancoragem. Se você estiver pronto para praticar, mas não tiver o objeto em particular para utilizar, visualize uma esfera de luz em sua testa e concentre-se nela. A prática deve ser feita uma ou duas vezes ao dia, ou com mais frequência se você tiver tempo. Desenvolver a concentração é como fortalecer os músculos do corpo; exercitar-se regularmente e com frequência funciona melhor. Para se tornar mais forte, continue desafiando seus limites.

Mantenha a mente no objeto. Não siga os pensamentos do passado ou do futuro. Não permita que a atenção seja arrastada pela fantasia, som, sensação física, ou qualquer outra distração. Apenas mantenha-se em contato com a percepção do momento presente. Concentre a mente no objeto de maneira firme e clara,. Tente não perder a consciência do objeto nem por um instante. Respire suavemente e, depois, mais suavemente até que a sensação de estar respirando desapareça. Permita-se, aos poucos, entrar profundamente em um estado de silêncio e calma. Certifique-se de que o corpo se mantenha relaxado; não se deixe tensionar pela concentração. Da mesma forma, não se deixe cair em torpor, em embotamento ou em um transe.

Não pense no objeto, apenas se mantenha consciente dele. Essa é uma distinção importante a ser feita. Pensar sobre o objeto não é o tipo de concentração que estamos desenvolvendo. O objetivo é apenas manter a mente posicionada no objeto, na percepção sensorial do objeto, manter-se consciente da presença dele sem distrações. Quando a mente se distrair – e ela se distrairá de novo e de novo e de novo – traga-a gentilmente de volta ao objeto e deixe-a repousar.

Zhiné natural

À medida que a estabilidade se desenvolve, passamos para a segunda etapa da prática: zhiné natural. No primeiro estágio, a concentração é desenvolvida direcionando continuamente a atenção para o objeto e pacificando a mente indisciplinada. No segundo estágio, a mente é absorvida na contemplação do objeto; o esforço não é mais necessário para mantê-la imóvel. A mente se estabelece em uma tranquilidade relaxada e agradável, permanecendo quieta. Os pensamentos surgem sem distrair a mente do objeto. Os elementos do corpo se harmonizam e o prana se move de maneira uniforme e suave por todo o corpo. Este é um momento apropriado para passar para a ancoragem sem objeto.

Abandone o objeto físico e simplesmente estabeleça o foco no espaço. É útil olhar para um espaço amplo, como o céu, mas a prática pode ser feita mesmo em uma pequena sala, ancorando a atenção no espaço entre seu corpo e a parede. Permaneça firme e calmo. O relaxamento é fundamental. Solte qualquer tensão em seu corpo. Em vez de se concentrar em um ponto imaginado no espaço, permita que a mente permaneça fortemente presente, mas com a consciência difusa e ampla. Tome consciência de todo o seu campo visual, ao mesmo tempo. Chamamos isso de "dissolver a mente no espaço" ou "fundir a mente com o espaço". Isso levará a um estado de tranquilidade estável e ao terceiro estágio da prática de zhiné.

Zhiné última

Enquanto na segunda etapa ainda há um pouco de esforço envolvido na absorção no objeto, a terceira etapa é caracterizada por uma mente tranquila, mas leve, relaxada e flexível. Os pensamentos surgem e se dissolvem espontaneamente e sem esforço.

Na tradição Dzogchen, esse é o ponto em que o mestre introduz o aluno ao estado natural da mente. Isso é conhecido como a instrução de "apontar a natureza da mente". Devido ao fato de o aluno ter desenvolvido zhiné, o mestre consegue apontar a natureza da mente que o aluno experienciou, mas não reconheceu. A instrução de apontar a natureza da mente ajuda o aluno a distinguir a mente em movimento, quase sempre emaranhada com pensamentos e conceitos, da natureza da mente, que é a consciência pura, não dual. Esse é o estágio final da prática de zhiné – permanecer na presença não-dual, rigpa.

Obstáculos

No desenvolvimento de zhiné, três obstáculos precisam ser superados: agitação, sonolência e lassidão.

Agitação

A agitação faz com que a mente salte incansavelmente de um pensamento para outro e dificulta a concentração. Para evitá-la, acalme-se antes da sessão de prática, evitando atividade física ou mental excessiva. Alongamentos lentos podem ajudar a relaxar o corpo e acalmar a mente. Depois de se sentar, respire devagar e profundamente. Crie essa regra de concentrar a mente imediatamente quando iniciar a prática para evitar desenvolver o hábito de vaguear mentalmente enquanto estiver sentado em postura de meditação.

Sonolência

A sonolência ou o torpor penetra na mente como um nevoeiro, um peso e um adormecimento que embotam a consciência. Quando isso acontecer, tente intensificar o foco da mente no objeto para atravessar a sonolência. Você acabará descobrindo que a sonolência é, na verdade, um tipo de movimento da mente que pode ser interrompido por meio de uma concentração mais forte. Se isso não funcionar, faça uma pausa, alongue-se e experimente praticar um pouco em pé.

Lassidão

Quando surge a lassidão, sua mente pode estar calma, mas em um estado mental passivo e fraco, em que a concentração não tem força. É importante reconhecer esse estado pelo que ele é. Pode ser uma experiência agradável e relaxada e, se confundida com a meditação correta, o praticante pode passar anos cultivando-a erroneamente, sem nenhuma mudança perceptível na qualidade da consciência. Se seu foco perder força e sua prática se tornar frouxa, endireite sua postura e acorde sua mente. Reforce a atenção e mantenha a estabilidade da presença. Considere a prática como algo precioso, o que de fato é, e como algo que o levará a obter a mais elevada realização, o que de fato acontecerá. Fortalecendo a intenção, a vivacidade da mente é automaticamente fortalecida também.

Prática diária

É melhor praticar Zhiné todos os dias até que a mente esteja tranquila e estável. Não se trata apenas de uma prática preliminar; ela é útil em qualquer momento da vida do praticante. Mesmo praticantes muito avançados praticam o zhiné. A estabilidade da mente desenvolvida através da prática de zhiné é a base do yoga dos sonhos e de todas as outras práticas de meditação. Depois de alcançarmos uma estabilidade forte e confiável na presença calma, podemos desenvolvê-la em todos os aspectos da vida. Quando estiver estável, essa presença sempre poderá ser acessada sem sermos levados por pensamentos e emoções. Dessa forma, mesmo que as marcas kármicas continuem a produzir imagens de sonho após adormecermos, permaneceremos lúcidos. Isso abre as portas para as práticas subsequentes tanto do yoga dos sonhos como do yoga do sono.

Não é necessário atingir a etapa de zhiné última para praticar o yoga dos sonhos, embora, quando esse estágio é atingido, a prática se torna muito mais fácil. Mas você precisa de estabilidade de foco suficiente para permanecer lúcido em um sonho sem ser arrastado pelas histórias assim como precisa de alguma estabilidade na vida em vigília para não perder a lucidez e não agir com base na reatividade habitual. Continuar praticando zhiné diariamente, mesmo por apenas alguns minutos aqui e ali, é útil para iniciar e para dar continuidade às práticas de fundação e à prática principal.

Capítulo 12

As quatro práticas de fundação

As quatro práticas de fundação são as raízes do yoga dos sonhos. Embora tradicionalmente sejam chamadas de Quatro Preparações, elas não são menos importantes que precederiam a prática "real". Elas são práticas essenciais e formam uma base da qual depende o sucesso na prática do yoga dos sonhos.

A vida mental cotidiana determina a qualidade das nossas vidas e a qualidade dos nossos sonhos. Se mudarmos a maneira como vivenciamos a vida na vigília, a experiência do sonho se modifica; o "você" que vive os sonhos no estado de vigília é o mesmo "você" que vive os sonhos durante o sono. Se passar o dia distraído, reagindo a eventos e a pessoas com base em um condicionamento inconsciente, provavelmente fará o mesmo nos sonhos. Se puder se manter presente e lúcido quando estiver desperto, você acabará encontrando a mesma lucidez nos sonhos. Isso funciona também na direção contrária; se mudar a maneira como sonha, mudará sua vida no estado de vigília.

Primeira prática: modificar as marcas kármicas

Esta prática consiste em reconhecer repetidamente a natureza semelhante ao sonho de todas as experiências ao longo do dia, até que o reconhecimento se manifeste em sonhos.

Ela começa quando você acorda. Pense consigo mesmo: "Estou acordado em um sonho". Torne-se plenamente presente. Preste atenção à luz do quarto, aos sons e às sensações. Ao entrar na cozinha, reconheça-a como uma cozinha de sonho. Ponha o café de sonho no leite de sonho. Pense, "isto é um sonho". Dirija o carro de sonho para seu trabalho de sonho. Lembre-se disso com frequência durante todo o dia.

A ênfase deve estar mais em você, o sonhador, do que nos objetos da sua experiência. Continue se lembrando que você está sonhando – a irritação que você sente, a felicidade, a fadiga, a ansiedade, os planos, as ruminações – tudo faz parte do sonho. A árvore que você aprecia, as pessoas que você encontra, os lugares que você visita, tudo faz parte do sonho. Você está criando um novo hábito de mente, um novo karma. Tornar-se intensamente presente e lúcido com frequência passa a fazer parte do seu dia, mesmo que apenas por alguns instantes, soltando as histórias contadas em sua mente e, em vez disso, repousando em uma consciência vívida.

Quando pensamos na experiência como "apenas um sonho", ela perde o poder sobre nós – o poder que tinha apenas porque nós lhe dávamos poder. Quando vemos a vida de maneira diferente, mudamos nossa reação a ela. Nós podemos interromper nosso condicionamento reativo. Nossos sonhos mudam. Mas não é apenas uma mudança nos sonhos da noite. Começamos a viver toda a experiência com mais calma e mais clareza. À medida que a prática se aprofunda, a vida se torna cada vez mais vívida, surgindo a apreciação e a alegria. Situações que antes eram perturbadoras, agora são vistas como oportunidades de praticar.

Quando dizemos que a vida em vigília também é um sonho, não significa que conseguimos voar ou repentinamente nos transformarmos em um leão. Em vez disso, é a realização de que a totalidade da experiência ocorre na mente e de que a forma como damos sentido a uma experiência e reagimos a ela se deve ao nosso condicionamento.

Esta é uma expressão da realização de que todos os fenômenos são vazios, que a aparente natureza intrínseca dos seres e objetos é ilusória. Não há uma "coisa" real em lugar algum da vida em vigília, exatamente como em um sonho; há apenas aparências transitórias que surgem, se modificam e se dissolvem. Estamos necessariamente presentes quando esta realização surge, já que é fato que não há outro lugar para se estar. Não há método mais poderoso de trazer lucidez consistente ao sonho do que permanecer continuamente em presença lúcida durante o dia.

Uma parte importante dessa prática é experienciar a si mesmo como um sonho. Imagine-se como uma personagem de sonho. Imagine sua personalidade e as várias identidades como construções da mente. Mantenha uma presença vívida, a mesma lucidez que você está tentando cultivar nos sonhos, sentindo-se insubstancial e transitório, feito de luz. Isto cria uma relação muito diferente com você mesmo – uma relação que é confortável, flexível e expansiva.

Não basta simplesmente repetir de novo e de novo que você está em um sonho. Sinta. É verdade? Olhe, toque, cheire, prove, ouça. É um sonho? Abra seus sentidos, como se esse fosse seu primeiro momento no mundo. Quando praticado corretamente, cada vez que você pensa que está em um sonho, a presença se torna mais intensa e a experiência mais brilhante e vívida. Se você não perceber uma mudança qualitativa imediata na experiência, verifique se a sua prática não está sendo apenas uma repetição mecânica de uma frase. Não há mágica em apenas pensar em uma fórmula. Ao praticar o reconhecimento, "acorde" – intensifique a luminosidade e a presença – de novo e de novo até que, ao simplesmente lembrar do pensamento "isto é um sonho", esse instante se amplie e acalme a mente em movimento, ainda que por apenas alguns segundos.

Há uma importante advertência a respeito dessa prática. Você deve respeitar a lógica, as limitações e as responsabilidades da vida convencional. Quando você diz a si mesmo que a vida em vigília é um sonho, isso é verdade; mas se você saltar de um edifício, você cairá e não sairá voando. Se você desistir do trabalho, as contas ficarão por pagar. Se você colocar sua mão no fogo, irá se queimar. É muito importante manter os pés no chão da realidade do mundo comum, e isso é uma parte necessária da prática. Enquanto houver um "eu" e um "outro", haverá um mundo no qual vivemos e pelo qual somos responsáveis. Estamos rodeados de seres em sofrimento que se beneficiam de nossas respostas compassivas e que são prejudicados se reagirmos descuidadamente ou se desconsiderarmos seu sofrimento como sendo "apenas sonho". Nossas decisões e ações têm consequências. É importante desenvolver tanto a sabedoria de ver a natureza de sonho e vazia das coisas quanto a compaixão para responder a tudo que surgir com generosidade, bondade e boa vontade.

Essa é a primeira preparação: reconhecer a qualidade de sonho da vida desenvolvendo a prática da consciência lúcida. Ela deve ser aplicada no momento da percepção, antes que surja uma reação. É uma prática potente por si só. Se puder sustentar essa consciência, você desenvolverá lucidez tanto enquanto estiver acordado como durante os sonhos. A lucidez na vida em vigília e a lucidez no sonho são a mesma coisa.

Segunda prática: eliminar apego e aversão

A segunda prática de fundação visa diminuir o apego e a aversão.

A primeira prática de fundação é aplicada no momento imediato do contato com os fenômenos, antes que ocorra uma reação. A segunda prática é aplicada após o surgimento de uma reação. São essencialmente a mesma prática, diferenciando-se apenas pela situação em que são aplicadas e pelo objeto de atenção. A primeira prática direciona a consciência lúcida para o reconhecimento de todos os fenômenos da experiência como sonho. A segunda prática de fundação direciona a mesma consciência lúcida especificamente às reações obscurecidas pelas emoções que ocorrem em resposta aos elementos da experiência.

Idealmente, a prática deve ser aplicada assim que surgir qualquer apego ou aversão em resposta a um objeto ou a uma situação. A mente apegada pode manifestar sua reação como desejo, raiva, ciúme, orgulho, inveja, tristeza, desespero, alegria, ansiedade, depressão, medo, tédio ou qualquer outra emoção, de maneira intensa ou muito sutil. Isso contrasta com a maioria das reações aos fenômenos, que são neutras.

Quando surgir uma reação, tome consciência dela. Lembre-se de que você, a pessoa ou o objeto, e sua reação à situação são apenas sonho. Pense consigo mesmo: "Essa raiva é um sonho. Esse desejo é um sonho. Essa indignação / pesar / entusiasmo é um sonho". A verdade nessa afirmação torna-se clara quando você presta atenção aos processos internos que produzem estados emocionais: você literalmente sonha esses processos através de uma complexa interação de pensamentos, imagens, estados corporais e sensações. A reatividade emocional não se origina "lá fora" nos objetos. Ela surge, é experienciada e se dissolve em sua mente.

Na vida, surge um número ilimitado de estímulos aos quais você pode reagir: a atração pode surgir diante de um belo homem ou mulher, raiva diante de um motorista dando uma fechada, desagrado ou tristeza diante de um ambiente devastado, ansiedade e preocupação com uma situação ou uma pessoa, e assim por diante. Cada situação e cada reação devem ser reconhecidas como sonho. Não se limite a dizer: "É um sonho". Reconheça e sinta a qualidade de sonho de sua vida interna. Quando essa afirmação é sentida, e não apenas pensada, a relação com a situação muda. A aderência emocional ao objeto diminui. A situação se torna mais clara e mais espaçosa. O apego e a aversão são diretamente reconhecidos como as contrações desconfortáveis que elas são.

Esse é um antídoto poderoso para o estado de quase obsessão gerado por estados emocionais negativos. A experiência direta e determinada de usar essa prática para desatar os nós da emoção negativa é o início da prática mais profunda de lucidez e flexibilidade que leva à liberdade. Com uma prática consistente, até mesmo uma intensa experiência de raiva, depressão, ansiedade e outros estados de infelicidade podem ser liberados. Quando são liberados, eles se dissolvem. Em vez de reagir cegamente em uma situação, você pode responder com gentileza, respeito e compaixão. Cada vez que você consegue fazer isso, você planta uma outra semente kármica, desenvolvendo o hábito mental de responder positivamente à vida. Isso também começará a se manifestar nos sonhos.

Os ensinamentos se referem a esta prática específica como um método para abrir mão do apego. Há maneiras saudáveis e não saudáveis de se fazer isso. Não faz bem suprimir os desejos; eles acabam se transformando em confusão interna ou em condenações e intolerância externas. Tentar fugir da dor através da distração ou enrijecendo o corpo para sufocar a experiência também atrapalha o desenvolvimento espiritual. Abandonar a vida mundana e tornar-se um monge ou uma monja pode ser saudável, ou pode ser uma tentativa pouco saudável de escapar de experiências difíceis através da repressão e da evitação.

O yoga dos sonhos corta o apego modificando a visão. Passamos a ver objetos e situações como vazios, radiantes e transitórios, semelhantes a um sonho. Isso diminui o apego e a aversão baseados nas preferências e promove a equanimidade.

Terceira prática: fortalecer a intenção

A terceira fundação envolve rever o dia antes de dormir e reforçar a intenção de praticar durante a noite.

Durante o dia, você pratica a visão e a ação, com a experiência e as reações à experiência. Agora, ao se preparar para dormir, permita que as lembranças do dia surjam. Foi um dia maravilhoso? Neutro? Terrível?

O que quer que venha à mente, reconheça como um sonho. O

mais provável é que surjam memórias de experiências que foram suficientemente fortes para afetar os sonhos que virão. Durante o dia, que experiência você viu como um sonho? Qual delas o aprisionou? A revisão pode ser curta, contemplando todo o dia como um sonho e lembrando brevemente das experiências. Revise o dia como se você estivesse se lembrando de sonhos; a memória é muito semelhante ao sonho.

Isso é uma prática. Tente compreender como você foi enredado pela natureza de sonho da sua vida e das histórias que você conta sobre a vida. Sinta a diferença de se relacionar com a experiência como um sonho.

Quando a experiência se torna uma memória, a memória muitas vezes inclui um tom emocional. Quando nos lembramos, podemos, até certo ponto, reexperienciar aquilo de que nos lembramos. As lembranças podem nos fazer sentir felizes, orgulhosos, gratos, amorosos ou nostálgicos. Outras, nós vivenciamos como dolorosas, irritantes, vergonhosas ou assustadoras. Em ambos os casos, as lembranças nos afetam à medida que surgem na consciência.

Ao revisitar memórias difíceis ao mesmo tempo em que deixamos a mente repousar na consciência clara, as memórias perdem seu poder de nos condicionar. Se perdermos a oportunidade de reconhecer a natureza de sonho das experiências durante o dia, teremos outra oportunidade de fazê-lo na revisão noturna. A chave é manter corpo e mente relaxados e permanecer totalmente presente. Reconhecer a memória como um sonho. Simplesmente testemunhe a memória sem se envolver com a história, soltando-a em seguida.

Após a revisão, desenvolva a intenção mais intensa possível de reconhecer direta e vividamente que está sonhando, enquanto estiver sonhando. A intenção é como uma flecha direcionada à lucidez no sonho, uma flecha que sua mente segue. A frase tibetana que usamos para gerar intenção se traduz como "enviar um desejo". Devemos ter essa sensação de que estamos fazendo preces e estabelecendo intenções e as enviando a nossos professores, aos buddhas e deidades, prometendo tentar permanecer lúcidos e pedindo ajuda. Há outras práticas que podem ser feitas antes de adormecer, mas esta está disponível a todos.

Quarta prática: cultivar a memória e o empenho alegre

A quarta prática de fundação começa ao acordar pela manhã. Consiste em cultivar ainda mais a intenção e fortalecer a capacidade de lembrar do que aconteceu durante a noite.

Comece revisando a noite. O termo tibetano para isso é literalmente "recordar". Você sonhou? Você estava ciente de estar em um sonho? Se você sonhou, mas não estava lúcido, reflita: "Eu sonhei, mas não reconheci o sonho como um sonho. Mas era um sonho". Tome a resolução de que da próxima vez que começar a sonhar, você terá consciência da natureza do sonho enquanto ainda estiver sonhando.

Se você achar difícil lembrar dos sonhos, pode ser útil, ao longo do dia e particularmente antes de dormir, gerar uma forte intenção de lembrar dos sonhos. Uma das práticas mais úteis para aumentar a lembrança de sonhos é registrar seus sonhos assim que você acorda. Para facilitar isso, mantenha um diário, uma caneta e uma luminária pequena junto à sua cama. Ou use um gravador; a maioria dos smartphones vem com um aplicativo de gravação ou você pode baixar um. Tenha isso à mão, ao lado de sua cama. O próprio ato de preparar o caderno ou o gravador à noite serve para apoiar a intenção de recordar o sonho ao acordar. Não é difícil se lembrar dos sonhos quando gera e sustenta a intenção de fazê-lo, mesmo após apenas alguns dias ou semanas de prática. Quanto mais sonhos você gravar, mais clara se tornará sua memória dos sonhos.

Se você tiver tido um sonho lúcido, alegre-se. Cultive a felicidade com respeito à prática, comprometendo-se a continuar desenvolvendo a lucidez na noite seguinte. Se você não estava lúcido, não desanime. Em vez disso, fortaleça sua determinação e saiba que o resultado virá se você prosseguir persistindo na prática. Continue fortalecendo a intenção, usando tanto os sucessos quanto os fracassos como ocasiões para desenvolver uma intenção mais forte de realizar a prática.

Por fim, durante o período da manhã, gere uma forte intenção de manter a consistência da prática ao longo do dia. Reze com todo o seu coração para ter sucesso. A prece é como um poder mágico que todos nós temos e esquecemos de usar.

Esta prática se combina com a primeira prática de fundação, de reconhecer toda experiência como sonho. A prática se torna ininterrupta ao longo do dia e da noite.

Consistência

Nunca é demais enfatizar a importância das práticas do dia para as etapas posteriores do yoga de sonho. Elas são muito mais poderosas do que parecem ser. São práticas que qualquer um pode fazer. Elas têm um caráter mais psicológico do que muitas práticas e não apresentam nenhuma dificuldade para o praticante. Simplesmente fazer uma prática antes de ir para a cama pode ser ineficaz, mas com a prática consistente das práticas de fundação durante o dia, torna-se muito mais fácil alcançar a lucidez no sonho e depois passar para outras práticas.

Tome consciência vividamente de onde você está e do que você está vivenciando no momento, muitas vezes, ao longo de todo o dia. Acorde do sonho da distração. Quanto maior a frequência, melhor. Não precisa ser em um lugar ou momento especial; qualquer lugar é bom; qualquer momento é bom. São necessários apenas alguns segundos para esses momentos de reconhecimento, embora seja bom ampliar o tempo de acordo com a sua capacidade.

É particularmente útil tomar consciência quando você reage às situações. Isso leva a uma mudança imediata na mente, permitindo maior flexibilidade para responder de forma hábil.

Crie o hábito de dirigir a consciência a ela mesma, tentando ter consciência de estar consciente. Preste atenção ao que ocorre nesse momento. Repouse.

Se não obtiver resultados imediatos, mesmo que tenha que praticar por um longo tempo antes de ter lucidez no sonho, não se desencoraje. Lembre-se de outras habilidades que levaram tempo para serem desenvolvidas, e de como seus pensamentos e comportamentos são agora diferentes em relação aos tempos anteriores em sua vida. Há uma mudança constante. Sabendo que nada permanece igual, você não tem razão para acreditar que a forma como as coisas se manifestam agora vai continuar como é.

A prática da lucidez durante o dia é tão importante quanto alcançar a lucidez à noite. Experimentar as qualidades luminosas e oníricas da vida permite que sua experiência seja mais ampla, mais leve e mais vívida. Quando a lucidez se desenvolve no sonho e no estado de vigília, há liberdade para moldar a vida positivamente para, finalmente, desistir da agitação de ser movido pela esperança e pelo medo, desejo e aversão. Você pode descansar na presença.

Capítulo 13:

Preparação para a noite

Muitos de nós carregamos o estresse, as emoções, os pensamentos e as confusões do dia para a noite. Não fazemos nenhuma prática específica e nem reservamos um tempo para acalmar a mente e o corpo antes de entrar no sono. O sono simplesmente vem em meio à distração, o que facilita com que a conexão ao estresse e à preocupação se mantenha durante toda a noite. Quando os sonhos surgem a partir desses estados, há pouca estabilidade na presença. O sonhador se deixa levar pelas imagens e interações do mundo dos sonhos. O sono é perturbado. Os sonhos, se não estressantes são, na melhor das hipóteses, apenas uma fuga agradável. Com muita frequência, acordamos cansados e um pouco estressados pela manhã e, muitas vezes, começamos o dia em um estado de inquietude.

Mesmo para quem não pratica o yoga dos sonhos ou do sono, é benéfico se preparar para dormir, levar isso a sério. Acalmar a mente o máximo possível antes de dormir, assim como fazemos antes de meditar, gera qualidades positivas e uma presença mais intensa. Em vez de carregar emoções negativas para a noite, use as habilidades que você tem para se libertar dessas emoções. Se você souber deixar que a emoção se autolibere na vacuidade, faça isso. Se souber como transformá-la ou como aplicar um antídoto, use esse conhecimento. Tente conectar-se com o lama, com o yidam e com a dakini; reze aos buddhas e às deidades; gere compaixão, amor e gratidão. Faça o que puder para relaxar a tensão em seu corpo e soltar as atitudes negativas de sua mente. Livre de perturbações, com uma mente leve e calma, você terá um sono mais tranquilo e restaurador. Mesmo que ainda não consiga fazer as demais práticas, isso é algo positivo que todos podem incorporar em suas vidas cotidianas.

A maioria das tradições espirituais cria espaços sagrados e altares. Elas nos conectam ao que representam, nos afetam e mudam nosso estado interno, assim como qualquer outro ambiente faz. Pode ser que você não pense em seu quarto como um espaço sagrado, mas quando você pratica yoga dos sonhos e do sono, ele é. Se você entrar em seu quarto como quem entra em um local de prática contemplativa, o ambiente apoiará sua prática, seus estados mentais e emoções positivas.

Se o quarto estiver desarrumado, arrume um pouco, como se fosse um templo. Talvez possa colocar uma pequena imagem da deusa dos sonhos em seu quarto. Coloque-a perto de sua cama para que sinta uma conexão mais forte. Ou use a imagem de outra deidade ou de um buddha, do seu professor ou qualquer outra imagem sagrada.

Se tiver uma pequena lamparina, dessas que funcionam com bateria, baratas e fáceis de achar, coloque-a em frente à imagem ou estátua. Quando olhar para a luz, sinta/imagine que ela conecta você com a deusa. Não a luz física, mas o seu efeito indireto, quando você sente a luz dentro de você. Essa é a deusa, a luminosidade da natureza de sua mente.

Se não for confortável ou prático manter uma luz acesa durante toda a noite, coloque uma pequena lâmpada fraca perto de sua cama (não uma vela ou lamparina com chama). Olhe para ela quando começar a adormecer, sinta a luminosidade por uns instantes e, depois, desligue-a antes de ir dormir.

O que quer que você tenha feito para tornar o ambiente favorável, permita conscientemente que isso produza efeito em você enquanto adormece. Basta lembrar que o apoio está lá, sinta a luminosidade e a paz. A consciência dessa luminosidade ajudará a iluminar a escuridão do seu sono.

O importante é desacelerar antes de dormir, ouvir seu corpo e estar ciente do que está acontecendo em sua mente, de como isso está afetando você. Processe o dia. Solte as perturbações emocionais. Relaxe seu corpo e sua mente. Mantenha sua consciência no canal central do corpo. Isso favorece o sonho e a lucidez.

Nove respirações de purificação

Você deve ter notado como a tensão e o estresse no corpo afetam a respiração. Quando alguém com quem estamos tendo dificuldades entra na sala, o corpo se contrai e a respiração se torna mais curta e contida. Quando estamos assustados, a respiração se torna rápida e superficial. Na tristeza, a respiração é muitas vezes profunda e pontuada por suspiros. Se alguém com quem realmente nos importamos entra na sala, nós relaxamos, e a respiração se expande e se acalma.

Em vez de esperar que a experiência modifique a respiração, podemos usar deliberadamente a respiração para modificar a experiência. As nove respirações de purificação são uma prática curta para limpar e purificar os canais. A prática pode ser feita antes das sessões de meditação, antes de dormir e a qualquer momento em que desejar eliminar tensões e negatividades do corpo e da mente.

A prática visa purificar as energias dos três venenos: ignorância, liberada através do canal central; raiva e aversão, liberada através do canal branco à direita; e apego e desejo, liberada através do canal vermelho à esquerda.

A terceira prática de fundação recomenda rever o dia antes de dormir, lembrando o que ocorreu como se fosse um sonho. É útil fazer a revisão antes da prática das nove respirações, antes de se deitar. Observe especialmente as emoções difíceis que você sentiu durante o dia: raiva, irritações, ansiedades, apegos frustrados, esperanças perdidas, momentos de sentimento perdido e incerto, enfadonho ou distraído. Veja-os como elementos de sonho. Essas lembranças lhe dão exemplos a serem usados na prática das nove respirações que você fará em seguida.

As três primeiras respirações servem para eliminar as negatividades relacionadas à raiva e à aversão. Antes de iniciar a prática, lembre-se de uma situação ou pessoa específica pela qual você sentiu raiva, irritação ou aversão. Pode ser algo que você tenha lembrado durante a revisão do dia. Caso contrário, use uma experiência mais antiga. Seja específico. Não se trata de uma raiva abstrata; trata-se da sua raiva, da sua irritação, ou do seu julgamento duro. Reconheça a emoção; é provável que seja algo que você sente com frequência. Ela interfere, em maior ou menor grau, com seu fluxo de criatividade, com sua sensação de conexão, sua alegria e suas relações amorosas com os outros. Dê tempo suficiente para sentir os sinais da emoção em seu corpo e mente. Quando sentir, pratique as três primeiras respirações.

Para as três respirações seguintes, lembre-se de uma experiência recente de apego, de fixação, de desejo ou anseio. Lembre-se, sinta em seu corpo e traga para a prática.

Para o terceiro conjunto de respirações, aproveite uma experiência recente de ignorância. Este é o veneno fundamental – a ignorância sobre a verdade de si mesmo e do mundo. Em situações pessoais, as experiências decorrentes da ignorância podem se manifestar como incerteza ou confusão, perda de propósito ou de direção, falta de clareza, ou desinteresse entorpecido. Evoque a memória de uma experiência assim, sinta e depois expulse-a com três expirações através do canal central.

Instruções para as nove respirações

Sente-se em uma postura de meditação com as pernas cruzadas ou em qualquer posição confortável, com as costas eretas. Coloque as mãos, com as palmas para cima, no colo, com a mão esquerda apoiada na direita. Incline levemente o queixo para endireitar a parte de trás do pescoço. Tome um momento para se sentir presente, consciente e relaxado.

Visualize os três canais principais. Eles são feitos de luz. O canal central é azul, o canal direito é branco e o esquerdo é vermelho.

Primeira sequência de três respirações:
Libere o canal branco do veneno da raiva

Traga à mente uma experiência recente de raiva ou aversão. Pressione a base do dedo anelar da mão direita com o polegar. Tape a narina direita com o dedo anelar da mão direita.

Inspire através da narina esquerda de forma lenta e profunda, imaginando que a respiração traz cura. Deixe a respiração seguir através do canal esquerdo vermelho até a junção com o canal central, quatro dedos abaixo do umbigo. Retenha a respiração suavemente enquanto tampa a narina esquerda com o dedo anelar direito.

Solte o ar do canal direito branco através da narina direita, lenta e suavemente no início e com mais força no final para expulsar todo o ar.

Libere a raiva e a aversão com cada expiração, permitindo que ela se dissolva no espaço.

Tradicionalmente, você se imagina liberando todos os obstáculos ligados às potências masculinas, raiva e aversão, doenças associadas aos ventos (prana), e obstáculos e obscurecimentos ligados ao passado. Deixe tudo isso para trás. Repita completando três inspirações e três expirações.

Segunda sequência de três respirações:
Libere o canal vermelho do veneno do apego

Traga à mente uma experiência recente de apego. Mantendo a abertura no canal branco, troque as mãos. Pressione a base do dedo anelar da mão esquerda com o polegar. Tape a narina esquerda com o dedo. Inspire lenta e profundamente através do canal vermelho, deixando a respiração seguir até a junção com o canal central. Retenha a respiração suavemente enquanto tapa agora a narina direita com o dedo anelar esquerdo.

Solte o ar do canal vermelho pela narina esquerda, lenta e suavemente no início e com mais força no final para expirar completamente. A cada expiração, elimine o resíduo deixado pela experiência que você trouxe à mente. Expire todos os obstáculos ligados ao apego e ao desejo, ao querer que as coisas sejam diferentes do que são, os obstáculos ligados às potências femininas e ao mal-estar associado à bílis. Solte todos os obstáculos e obscurecimentos ligados ao futuro.

Repita três inspirações e três expirações. Sinta a abertura nos canais branco e vermelho e mantenha-as enquanto você prossegue.

Terceira sequência de três respirações:
Libere o canal azul do veneno da ignorância

Traga à mente uma experiência recente de confusão, embotamento, entorpecimento ou distração. Coloque a mão esquerda sobre a direita no colo, com as palmas para cima. Inspire profundamente por ambas as narinas. Sinta a respiração se mover pelos canais laterais até a junção com o canal principal, quatro dedos abaixo do umbigo. Segure a respiração ligeiramente antes de expirar suavemente no início e, ao final, com força suficiente para esvaziar os pulmões completamente. Visualize a expiração subindo pelo canal central e saindo pelo topo da cabeça, onde ela se dissolve no espaço aberto. Imagine que a cada expiração, você expulsa os resíduos da experiência das memórias que revisou e expulsa as potências de doenças associadas com espíritos hostis e com a fleuma. Solte todos os obstáculos e obscurecimentos associados ao presente. Solte todos os obstáculos e obscurecimentos que surgem da ignorância da mente samsárica. Sinta a abertura do canal central azul se expandindo. Repita completando três inspirações e três expirações.

Repouse

Permita-se descansar por quanto tempo desejar. Sinta a abertura dos canais. Sinta as energias e tensões da mente e do corpo se acalmando. Tome consciência de estar livre da raiva, do apego e da ignorância. Pode ser que você perceba um sentimento caloroso à medida que surgem qualidades de amor, generosidade, paz e compaixão. Descanse na consciência aberta.

Guru Yoga

O Guru Yoga é uma prática essencial em todas as escolas do budismo tibetano e no Bön. Isso vale para o sutra, para o tantra e para o Dzogchen. Ela desenvolve a conexão de coração com o mestre. Fortalecendo continuamente nossa devoção, chegamos a um ponto de pura devoção em nós mesmos, a base inabalável da prática. A essência do guru yoga é fundir a mente do praticante com a mente do mestre.

O que é o verdadeiro mestre? É a natureza fundamental da mente destituída de forma, a consciência primordial que é a base de toda experiência. Pelo fato de existirmos no dualismo, visualizar o guru interno como uma forma é útil para nós. Assim, utilizamos a mente conceitual de forma hábil, que nos ajuda a permanecermos voltados para a prática e para a geração de qualidades positivas.

Na tradição Bön, muitas vezes, visualizamos Tapihritsa ou o buddha Shenlha Ökar (gShen-Lha 'od-dKar) como o mestre. Se você já é um praticante, talvez já faça práticas de visualização com outras deidades, como Vajra Yogini, Guru Rinpoche, ou um yidam. Embora seja importante dedicar-se a uma linhagem com a qual você tem conexão, entenda que o mestre que você visualiza representa todos os mestres com os quais você está conectado, seu professor de raiz e todos os professores com quem você estudou, e todas as deidades com as quais você tem compromissos. O mestre no guru yoga não é um indivíduo, mas a essência da iluminação, a lucidez primordial que é sua própria natureza fundamental.

Tapihritsa

Para o yoga dos sonhos, é útil visualizar a deusa dos sonhos, Gyuma Chenmo, para estabelecer uma conexão com ela. A deusa dos sonhos não é um ser concreto. Ela é claridade e luminosidade. A conexão com ela nos apoia na realização do objetivo do yoga dos sonhos. Ela é a proteção enquanto entramos no sono. Ela é a mestra, a professora e a guia. Ela é a natureza de sua própria mente.

Meu professor, Yongdzin Rinpoche, sempre enfatizou o poder da tradição, as bênçãos que chegam até nós através de uma linhagem ininterrupta ao longo de muitos séculos. Recomendo que você se conecte à fonte desta prática através da prática de guru yoga e das preces. A prece direciona a mente e a intenção e, assim, nos conecta com a transmissão da linhagem. Você não é limitado: reze para a deusa dos sonhos e outros professores e seres de refúgio. Sinta uma intensa devoção, não a uma imagem, mas à realidade viva dentro de você, tão intensa a ponto de produzir lágrimas e fazer seu coração transbordar de amor.

Permita que sua mente se funda com a mente do guru, sua natureza de buddha. É assim que se pratica guru yoga.

Gyuma Chenmo, a deusa do sonho

A prática

Após as nove respirações, ainda sentado em postura de meditação, visualize o mestre acima à sua frente. Use sua imaginação para permitir que exista ali um ser em três dimensões, feito de luz, puro, com uma forte presença que pode ser sentida em seu corpo, em sua energia e em sua mente. Gere devoção e reflita sobre os ensinamentos como um grande presente e sobre a boa sorte de ter se conectado com eles. Faça uma prece sincera, pedindo que suas negatividades e obscurecimentos sejam removidos, que suas qualidades positivas se desenvolvam e que você realize o yoga dos sonhos.

Em seguida, imagine-se recebendo bênçãos do mestre na forma de três luzes coloridas que fluem de suas três portas da sabedoria: corpo, fala e mente. As luzes devem ser transmitidas na seguinte sequência: a luz branca flui do chakra da testa do mestre para a sua, purificando e relaxando todo o seu corpo e a sua dimensão física. A seguir, a luz vermelha flui do chakra da garganta do mestre para a sua, purificando e acalmando sua dimensão energética. Por fim, a luz azul flui do chakra do coração do mestre para o seu, purificando e acalmando sua mente.

Sinta as luzes entrando em seu corpo. Permeado pela luz da sabedoria, use sua imaginação para tornar a bênção tão real quanto possível. Deixe seu corpo, sua energia e sua mente descansarem. Abandone toda tensão. Solte.

Após receber as bênçãos, o mestre se dissolve em luz, que entra em seu coração, permanecendo lá como sua essência mais íntima. Dissolva-se na luz no centro de seu coração. Permaneça na consciência pura, rigpa.

Existem instruções mais elaboradas para a prática de guru yoga envolvendo prostrações, oferendas, mudras, mantras e visualizações mais complicadas. Mas a essência da prática é fundir sua mente com a mente do mestre, com a consciência pura. A prática de guru yoga pode ser feita a qualquer hora do dia; quanto maior a frequência melhor. Muitos mestres dizem que, de todas as práticas, guru yoga é o mais importante. Ela confere as bênçãos da linhagem, abre e suaviza o coração e acalma a mente perturbada. Realizar completamente guru yoga é realizar o caminho.

Proteção

Adormecer é parecido com morrer, uma viagem solitária rumo ao desconhecido. Nós nos perdemos completamente no vazio até que, após algum tempo, reaparecemos em um sonho. E, no sonho, podemos ter uma identidade diferente e um corpo diferente. Podemos estar com pessoas que conhecemos ou não, experimentando um mundo diferente de nossa vida em vigília.

Só tentar dormir em um lugar desconhecido pode provocar ansiedade. Mesmo em lugares onde estamos perfeitamente seguros e confortáveis, não dormimos tão bem como dormimos em casa, em ambientes familiares. Pode parecer que há algo errado com a energia do lugar. Ou talvez seja apenas nossa insegurança nos perturbando. Mesmo em lugares familiares, podemos nos sentir ansiosos esperando o sono chegar, ou ficar acordados a noite toda, ou assustados com o que sonhamos. Quando adormecemos estressados, nossos sonhos se misturam com medo e tensão, o sono é menos repousante, sendo mais difícil permanecermos engajados com a prática. Portanto, é uma boa ideia criar uma sensação de proteção antes de dormirmos e transformar o lugar onde dormimos em um espaço sagrado.

Isso é feito imaginando dakinis de proteção no lugar onde irá dormir. Visualize as dakinis como deusas, seres femininos iluminados que são amorosos, de cor verde, poderosas e protetoras. Elas permanecem perto de você enquanto adormece e durante toda a noite, como mães cuidando de um filho ou guardiãs ao redor de um monarca. Imagine-as por toda parte, guardando as portas e as janelas, sentadas ao seu lado, caminhando no jardim ou no quintal, até que você se sinta completamente protegido. Use sua imaginação para tornar esses seres que o protegem tão reais quanto possível na sua experiência.

Isto pode parecer artificial, ainda que a ansiedade, a tensão ou a raiva que criamos com respeito às memórias oníricas do passado ou a preocupação com as interações e situações imaginadas no futuro não pareçam. A qualidade de toda experiência é, em grande parte, determinada pelas histórias que contamos em nossas mentes. Utilizar essa habilidade para praticar é um uso positivo da imaginação e tem um benefício real. Criar um ambiente protetor e sagrado acalma, relaxa e promove um sono reparador.

É assim que o místico vive: vendo a magia; transformando o ambiente e a experiência com a mente; reconhecendo que as ações, incluindo ações da imaginação, têm significado.

O Tantra Mãe nos diz que, ao nos prepararmos para dormir, devemos manter a consciência das causas dos sonhos, do objeto a ser focado, dos protetores e de nós mesmos. Mantemos esses elementos unidos na consciência não como muitas diferentes coisas, mas como um único ambiente. Isto terá um forte efeito sobre o sonho e o sono.

Pode parecer que são muitas coisas a serem feitas antes de dormir, mas isso não precisa ser um fardo. Se você gosta das práticas e não tem pressa, tome o tempo que quiser. Se estiver cansado e precisar dormir, pratique mais brevemente. O importante é desacelerar um pouco antes de dormir. Relaxe, tome consciência de todo o corpo, soltando aos poucos toda a tensão desde o topo da cabeça até os pés. Limpe sua mente e preencha seu coração com amor e compaixão. Entre no sono com gratidão pela oportunidade de praticar e gere uma forte intenção de realizar o yoga dos sonhos.

O mais importante: se você não tem tempo para fazer os preparativos, não gaste o tempo que você tem fazendo as coisas erradas, se preocupando com o futuro, revivendo ou lamentando o passado, preso a pensamentos angustiantes.

Capítulo 14

A prática principal

Para desenvolver plenamente o yoga dos sonhos, quatro tarefas devem ser realizadas em sequência: (1) trazer a consciência para o canal central; (2) cultivar visão clara e experiência; (3) desenvolver poder e força para não nos perder; e (4) desenvolver nosso aspecto irado para superar o medo. Na iconografia tibetana, as deidades são categorizadas segundo quatro qualidades relacionadas: pacífica, alegre, poderosa e irada.

Embora possamos não nos sentir conectados a essas qualidades positivas, elas estão presentes em todos nós, e elas são desenvolvidas no yoga dos sonhos através das quatro práticas principais. Elas são recursos para a realização da prática e beneficiam a vida em vigília.

Na primeira edição deste livro, recomendei que todas as quatro práticas fossem feitas todas as noites. A primeira antes de adormecer, depois acordar a cada duas horas para fazer a segunda prática, depois a terceira e, finalmente, a quarta. É uma boa forma de praticar, se você desejar, especialmente se estiver em retiro. Mas é provável que isso perturbe o sono e afete negativamente a vida em vigília. Ao invés disso, pratique apenas um dos quatro passos durante toda a noite. Se você acordar durante a noite por qualquer motivo, lembre-se da prática que está fazendo, retome a visualização, gere a sensação correspondente, relaxe e permita-se adormecer novamente.

É assim que eu ensino a prática agora, depois de quase trinta anos ensinando yoga dos sonhos a muitos e muitos praticantes. Esse esquema é igualmente eficaz, se não mais, e muito menos perturbador.

As quatro etapas ainda devem ser feitas em sequência. Pratique apenas o primeiro passo até surgirem os resultados (isto será explicado mais adiante). Se levar semanas ou meses, não importa. Somente então você deve passar para a segunda prática, obtendo resultados na segunda prática antes de passar para a terceira, e na terceira antes de passar para a quarta. Isto torna a prática mais fácil à medida que você utiliza os resultados de uma prática para realizar a próxima. E ficará mais fácil praticar durante o dia.

Se funcionar para você, planeje um despertar intencional cerca de duas horas antes de seu horário normal de acordar. As pesquisas mostram um grande aumento nos sonhos lúcidos nesse período. Você já teve a maior parte do sono profundo que teria durante a noite, e os sonhos que se seguem são muito mais longos, vinte minutos ou até mesmo o dobro disso.

Quando acordar, tente se lembrar dos sonhos que teve durante a noite, depois repita as práticas de preparação, com exceção da revisão do dia: reze, faça as nove respirações, pratique guru yoga, gere amor e compaixão deixando que permeie todo o seu corpo e a sua mente. O mais importante é fortalecer a intenção de ficar lúcido nos sonhos seguintes tanto quanto possível durante o período de vigília, repetindo para si mesmo que reconhecerá o sonho como um sonho, com forte intenção.

Tente se lembrar de algo de um sonho que teve e que não poderia ter acontecido na vigília. Isso será particularmente útil se for algo que surge em seus sonhos com frequência. Imagine-se reconhecendo a imagem no próximo sonho ou em um sonho futuro e usando o reconhecimento como um gatilho para tomar consciência de que está sonhando para ficar lúcido. Em seguida, retome a prática e adormeça.

Se for difícil voltar a dormir nesse horário, tente acordar meia hora ou uma hora mais cedo na manhã seguinte. Os padrões de sono são bastante individuais e, para algumas pessoas, acordar mais cedo ajuda a voltar a dormir.

Quando tiver um sonho lúcido – quando estiver consciente de que está sonhando enquanto sonha – tente trabalhar com seu sonho. Por exemplo, se estiver sentindo medo, transforme o medo em serenidade. Tente transformar o pequeno em grande, o lento em rápido. Se você quiser, voe, visite lugares sagrados, ou faça perguntas aos mestres da linhagem. Você pode superar qualquer bloqueio, qualquer limitação, porque é apenas um sonho.

O Capítulo 20 traz instruções sobre as práticas em forma esquemática para servir de referência fácil. Leia primeiramente as instruções mais longas a seguir e volte a elas quando necessário para rever detalhes.

Trazer a consciência para o canal central

Não importa quão difícil seja a situação ou quão agitados, confusos ou ansiosos estejamos, sempre há uma dimensão mais profunda de paz. Nesta prática, nos conectamos a essa paz, trazendo a consciência para o canal central. A chave está no chakra da garganta.

Deite-se sobre seu lado direito com os joelhos flexionados o suficiente para estabilizar o corpo. Se for confortável, descanse o braço esquerdo ao longo do corpo e coloque a mão direita embaixo da bochecha ou do travesseiro. Esta é a postura do leão.

Acalme a respiração e relaxe o corpo. Permita que a respiração se torne mais lenta e mais completa, mas tão silenciosa que não seja possível ouvir nem a inspiração nem a expiração.

Visualize uma bela flor de lótus de quatro pétalas feita de luz vermelha escura, luminosa, localizada no chakra da garganta, na base da garganta. O chakra fica mais próximo de onde o pescoço encontra os ombros do que da cabeça. No centro das quatro pétalas, voltada para frente, está uma letra *A* tibetana vertical e luminosa. A letra *A* representa sua consciência intrínseca, rigpa.

A energia do chakra da garganta é, às vezes, um pouco intensa, é a energia do ego, dos semideuses. É representada pelo vermelho do lótus que colore o A claro. À medida que a energia surge, visualize o A branco sobre o lótus vermelho e descanse na consciência lúcida. Tente sentir essa claridade luminosa.

Tradicionalmente, utiliza-se um cristal sobre um pano vermelho como ilustração. O cristal parece ser preenchido e refletir o vermelho, embora continue sendo claro, transparente e sem manchas. Da mesma forma, pratique descansando na lucidez calma e na luminosidade da pura consciência à medida que as experiências surgem.

À medida que você adormece, relaxado e tranquilo, concentre-se suavemente no chakra, na luz vermelha, no *A* claro, e sinta-se em paz. Use sua imaginação para relaxar, para desenvolver a experiência de paz em sua mente e em todo o seu corpo. Ao fundir-se com o *A* luminoso, ao fundir-se com a paz, a mente descansa no canal central. Esta é a paz que está sempre disponível dentro de você. Conecte-se a essa sensação, torne-se ela, solte-se e durma.

Não faça muito esforço. No início, os praticantes às vezes forçam demais, tentam demais e terminam perturbando o sono. Não lute com a prática. Se você se esforçar demais, perderá a conexão com a paz. Em vez disso, deixe a prática vir até você: imagine, sinta, funda-se com a paz e adormeça.

A visualização é fácil para alguns, mas difícil para outros. Se a visualização for difícil para você, isso não é um problema. Sentir é mais importante do que visualizar. Basta imaginar que o *A* está ali; você não precisa vê-lo. Relaxe o corpo e a mente. Gere a sensação de paz em todo o seu corpo. Depois, torne-se a paz. Enquanto adormece, não se preocupe em manter o foco no *A*. Caso contrário, você pode passar a noite lutando para se conectar, e isso não ajuda. Em vez disso, relaxe em paz, mantendo a atenção muito suavemente no chakra.

Gentilmente, permita-se adormecer. Adormecer sentindo-se em paz é bom o suficiente.

O ensinamento diz que focar nesse chakra produz sonhos suaves. O exemplo dado é um sonho no qual uma dakini convida o sonhador a acompanhá-la. Ela ajuda o sonhador a montar uma ave mítica (garuda) ou um leão e o conduz a uma terra pura, um lugar belo e sagrado. Mas isso é cultural; o sonho não precisa ser tão específico. Em vez disso, você pode caminhar em um jardim ou nas montanhas, talvez guiado por alguém, mas o sinal de sucesso na prática é a qualidade de tranquilidade no sonho, sejam quais forem as imagens.

Às vezes, quando você se conecta com a energia levemente irada da garganta, mas perde sua conexão com a consciência, surgem sonhos perturbados. Isto indica a necessidade de concentrar-se mais na consciência clara, permitindo que a experiência do A vermelho surja de maneira suave e tranquila, em vez de ficar preso nela.

Assim que despertar por qualquer razão durante a noite, mesmo que seja por apenas um momento, coloque sua atenção sobre o chakra e gere paz. Se dormir até amanhecer, tudo bem. Conecte-se à paz assim que acordar.

Prática informal

É muito útil praticar informalmente durante o dia, trazendo a consciência para o canal central e conectando-se à paz interior. Faça isso de novo e de novo. Quando estiver preso no trânsito, quando se sentar a uma mesa ou entrar em seu carro, quando tiver momentos de tranquilidade, retorne à prática. Traga a consciência para a garganta. Se tiver tempo, traga sua atenção para o lótus vermelho e para o *A*. Caso contrário, basta levar sua atenção e relaxar a base da garganta, sentindo-se em paz. Isso abre o chakra.

Quando o chakra está aberto, a qualidade de paz está disponível. Pense assim: colocar a atenção sobre o chakra da garganta abre espaço. A sensação de espaço no chakra é a sua consciência. A qualidade no espaço é a paz que você pode sentir na luz quente e vermelha. Se você já estiver familiarizado com a paz interior, ou quando se familiarizar com ela, gere essa experiência enquanto faz a prática, fundindo paz e consciência. Repetir isso frequentemente durante o dia apoiará sua prática à noite. O resultado da prática se manifestará tanto no estado de vigília quanto nos sonhos como uma conexão mais forte com a serenidade.

Quando obtiver resultados da prática, quando conseguir gerar paz e encontrar mais paz em sua vida em vigília e em sonhos, inicie a segunda prática.

Aumentar a luminosidade

A segunda prática aumenta a luminosidade. A luminosidade é o aspecto cognoscente da consciência, a luminosidade da consciência que nos permite "ver", perceber o que surge. Aumentando a luminosidade, aumentamos a vivacidade da consciência, da presença. O ponto de foco é o chakra localizado ligeiramente acima e atrás de onde as duas sobrancelhas se encontrariam. Visualize uma esfera de luz branca e luminosa (*tiglé*) no chakra.

Esse é um ponto de luminosidade. Um tiglé, também conhecido como bindu, pode ser muitas coisas e é traduzido de várias maneiras. Em um dos contextos, é uma qualidade energética encontrada no corpo; em outro, representa a completude ilimitada. Nesta prática, o tiglé é uma esfera de luz pequena e brilhante. Os tiglés de diferentes cores representam diferentes qualidades de consciência. Visualizá-los serve como uma porta para a experiência de tais qualidades.

Como na primeira prática, adote uma posição confortável deitado sobre o seu lado direito. A respiração deve ser feita de uma forma específica. Inspire e retenha a respiração bem suavemente. Contraia levemente o períneo, os músculos do assoalho pélvico, para ter a sensação de puxar o ar retido para cima. Tente sentir que a respiração está sendo retida logo abaixo do umbigo, comprimida pela pressão vinda de baixo. É difícil imaginar este tipo de respiração; pode ser necessário experimentar um pouco até conseguir senti-la. Melhor ainda é receber instruções detalhadas de um professor.

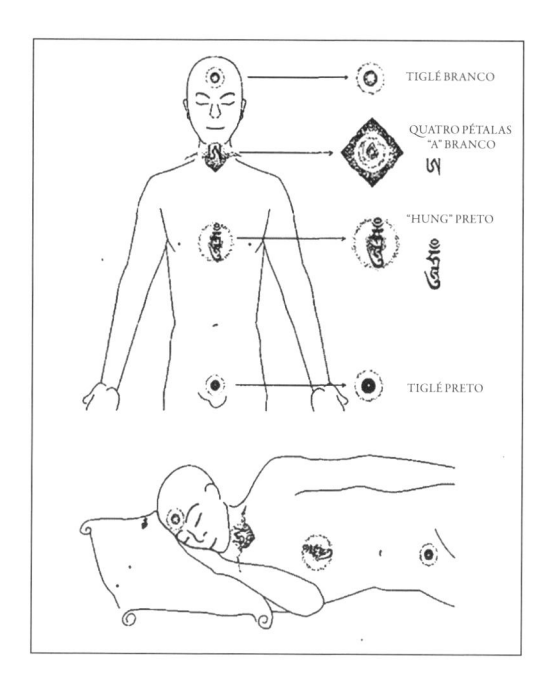

Depois de reter a respiração por alguns instantes, expire suavemente. Durante a expiração, relaxe os músculos da pélvis, do peito e de todo o corpo. Relaxe completamente. Repita essa sequência sete vezes.

Então, permita-se adormecer enquanto descansa na luminosidade, fundindo-se com ela, focando levemente no chakra. Se despertar por qualquer motivo durante a noite, volte sua atenção para o chakra.

A instrução para "visualizar" o tiglé não significa que você deve visualizar a imagem estática esférica de uma luz. Em vez disso, imagine que você se funde com a luminosidade no chakra. Tente sentir o tiglé com seus sentidos imaginários e em seu corpo, unindo-se completamente com ele até que exista apenas claridade e luminosidade. Algumas pessoas verão a luz com seu sentido visual interno, outras a sentirão mais do que a verão. Sentir é mais importante do que visualizar. O mais importante é fundir-se inteiramente com a qualidade.

Quando estiver conectado com o tiglé luminoso no chakra da testa, a mente permanece clara e presente. À medida que a experiência de luminosidade aumenta, tornando-se mais vívida e ampla, deixe-se absorver pela luz da presença pura. Se adormecer nesse estado, a lucidez se manterá durante toda a noite.

O objetivo desta seção da prática é desenvolver luminosidade e continuidade da lucidez. Isto é o que se entende por "aumentar a luminosidade do sonho".

"Aumentar" é como chamamos a qualidade dos sonhos manifestados através dessa seção da prática. O sentido aqui é desenvolver ou avançar para a completude, de geração, de recompensa, de expansividade e criatividade. O exemplo dado no *Tantra Mãe* é o de um sonho no qual uma dakini toca instrumentos musicais, canta, traz flores, frutas e roupas para o sonhador. Novamente, isso não significa que os sonhos devem incluir uma dakini ou qualquer outra imagem específica, mas como o praticante se fortalece nesta parte da prática, os sonhos serão caracterizados pelo prazer, pela criatividade e pela expansão.

O resultado se manifesta durante o dia como uma sensação de expansividade e uma consciência mais vívida do momento presente.

Prática informal

Quando tiver alguns minutos durante o dia, leve sua atenção para o tiglé no chakra da testa. Não apenas para a área externa – sinta uma esfera de luz preenchendo sua cabeça. Sinta a luz e a espaciosidade da consciência e suas qualidades: abertura, expansividade e claridade. Pratique o quanto desejar, especialmente quando você se sentir tenso e sua visão se tornar estreita. Conecte-se com a luminosidade da mente, a consciência aberta ao que quer que surja. Relaxe qualquer tensão. Depois retome o que estava fazendo. Praticar dessa maneira, com frequência, trará mais abertura em sua experiência de vigília e em seus sonhos.

Fortalecer a presença

Quando você experienciar os resultados da segunda prática e estiver pronto, passe para a terceira prática. Mais uma vez, não importa se isso levar semanas ou meses. Você terá experiências de paz interna por meio da primeira prática e luminosidade da consciência por meio da segunda. Este é o apoio para desenvolver o poder que, neste contexto, significa desenvolver a presença, o poder de permanecer vividamente consciente sem se perder na distração. Você também pode voltar às práticas anteriores sempre que quiser, especialmente se sentir a necessidade de fortalecer aquelas qualidades correspondentes às primeiras práticas.

Realizando as práticas de fundação durante o dia e as práticas preparatórias antes de ir se deitar, você se sente livre, com a mente clara. Você reviu o dia, reconheceu suas memórias como um sonho e as deixou ir. Para realizar esta parte da prática, deite-se de costas, com a cabeça, a parte superior das costas e os ombros apoiados em um travesseiro alto. Cruze as pernas de forma solta, diferente da postura de meditação; não importa qual perna está por cima. A posição é um pouco semelhante à de dormir em uma poltrona reclinável; você se reclina, mas não completamente deitado. Usar um travesseiro alto ajudará a manter o sono leve e gerará mais lucidez nos sonhos, mas fique atento ao conforto do pescoço. Não fique em uma posição desconfortável ou que possa perturbar seu sono.

É importante dar atenção às necessidades do corpo. Quando eu era criança, costumava me sentar de pernas cruzadas na escola durante muitas horas por dia, por isso essa posição é muito confortável para mim. Mas, para a maioria dos ocidentais, é diferente. A ideia não é suportar a dor a noite toda, mas manter a continuidade da lucidez. Ajuste a prática tendo em vista esse objetivo.

Leve sua atenção gentilmente para a área do coração, para o chakra do coração. Dentro do chakra há uma sílaba HUNG preta e luminosa. Ela está voltada para frente, assim como o corpo. Funda-se com a sílaba até que tudo seja o HUNG preto. Torne-se a consciência incondicionada que o HUNG representa. Deixe a mente aberta e espaçosa, descansando com leveza no HUNG preto.

A cor preta está relacionada à estabilidade. É a cor associada com o imutável. É a força. Descanse e sinta o espaço, a presença do HUNG. Faça vinte e uma respirações profundas e suaves, mantendo-se plenamente consciente da respiração enquanto a mente se funde com o HUNG preto. Depois solte e permita-se adormecer.

A sílaba tibetana HUNG

A qualidade que está sendo desenvolvida aqui é a força ou o poder. Não é preciso fazer coisa alguma; não se exalte e não tente se sentir poderoso. Trata-se de encontrar a força que você já tem dentro de si. A sensação de poder é também de segurança; os sonhos gerados nesta parte da prática têm relação com uma sensação de poder e de segurança. Os exemplos no *Tantra Mãe* são sonhos nos quais uma poderosa dakini orienta o sonhador a sentar-se em um trono, o sonhador entra em um castelo seguro para receber ensinamentos, ou o sonhador recebe aprovação de seu pai ou de sua mãe. O importante é a qualidade, não as imagens específicas. Em vez de uma dakini conduzir o sonhador a sentar-se em um trono, pode ser alguém celebrando as realizações do sonhador. Em vez de um castelo, o sonho pode acontecer em uma situação que faça o sonhador se sentir seguro e, em vez de um pai, pode haver outra pessoa no sonho que transmita uma sensação de segurança, proteção e força. A experiência de estar fortemente no presente é o verdadeiro resultado.

Prática informal

Como você fez nas duas primeiras partes da prática, leve esta prática para sua vida diária. Concentre-se na área de seu coração várias vezes durante o dia. Mantenha a atenção clara, sem pensar em outras coisas. A consciência permanece aberta, livre de tensão. Ela repousa na área do seu coração. Considere que você leva a atenção para o chakra do coração onde sente o silêncio, sente a espaciosidade. Este é o silêncio e a espaciosidade da sua consciência quando ela não está distraída.

Nessa consciência clara e aberta, visualize ou imagine o HUNG preto no centro do coração. Sinta sua estabilidade e sua força, o poder do ser. Esta é a sua força interna. Ela emerge da estabilidade na luminosidade da consciência. Reconheça essa qualidade e permaneça conectado a esse poder. Permaneça sentado por mais tempo. Se você se perder, solte a distração. Volte para o HUNG e permaneça na lucidez da consciência. Mantenha-se conectado.

Ao fazer isso de novo e de novo, você naturalmente se familiariza com a experiência da estabilidade na presença poderosa. O símbolo se torna uma forma de se conectar a ela. À medida que você desenvolve essa consciência durante o dia, você começará a encontrar a qualidade do poder nos sonhos. Praticando dia e noite, você levará a força da presença aos seus pensamentos, às suas experiências emocionais, relacionamentos, trabalho e à sua prática meditativa.

Este é o modelo para as práticas informais de todas as quatro partes da prática principal. Fortalecer a conexão a uma qualidade, ser capaz de gerar e sentir a qualidade no sonho e na vigília, usando a geração das qualidades para desenvolver a continuidade da prática através de todo o ciclo do dia e da noite – paz, consciência vívida, presença estável e destemor.

Desenvolver o destemor

Na quarta parte da prática de yoga dos sonhos, não há nenhuma postura particular a ser adotada; basta se sentir confortável. Não há nenhuma instrução para a respiração; a respiração é deixada em seu ritmo natural.

O ponto de foco é o "chakra secreto", o chakra que fica atrás dos genitais. Dentro do chakra há um tiglé preto, uma esfera de luz negra e luminosa. Este é o aspecto mais sombrio da imaginação. O ensinamento diz que os sonhos gerados aqui provavelmente conterão dakinis iradas, montanhas e vales em fogo, rios torrenciais e ventos destruindo tudo em seu caminho. São sonhos nos quais os elementos destroem as imagens do eu. Os sonhos podem ser aterrorizantes; descubra se isso é verdade para você. A qualidade dos sonhos nesta parte da noite pode acabar se tornando irada, proporcionando a oportunidade de desenvolver o destemor.

Na prática, você entra no tiglé preto e luminoso do chakra secreto e se transforma nele. Em seguida, deixe sua mente relaxar e concentrar-se suavemente na luz negra luminosa que está em todos os lugares, permeando seus sentidos e sua mente, e permita-se adormecer.

As quatro qualidades – pacífica, alegre, poderosa e irada – estão associadas a uma grande variedade de imagens, sentimentos, emoções e experiências. Não é necessário ter os tipos específicos de sonhos apresentados como exemplos nos ensinamentos. O importante é a qualidade, o timbre emocional, as sensações experienciadas no sonho. É assim que se determina a que chakra e a que dimensão da experiência o sonho está ligado, e não tentando decifrar o conteúdo do sonho.

Prática informal

Assim como nas práticas anteriores, quando tiver alguns minutos durante o dia, deixe a mente retornar ao tiglé preto. Como é sentir o destemor? Ele não é agressivo ou inconsequente; ele é estabilidade na lucidez. Assim como você pode ser desafiado em sonhos irados, você pode usar momentos de medo, preocupação ou ansiedade durante o dia como lembretes e oportunidades para retomar a prática. Em vez de ficar preso a pensamentos desagradáveis, solte-os imediatamente, colocando sua atenção no tiglé preto. Relaxe o corpo e a respiração, sentindo o espaço e a abertura. Quando você faz isso, surge a qualidade do destemor. Familiarize-se com o processo; desenvolva essa qualidade até que o destemor se torne estável.

Retorne à prática se acordar durante a noite. Ao despertar pela manhã, tome consciência de estar despertando e permaneça presente. Desenvolva a continuidade da lucidez durante a noite, nos períodos de sono e vigília, e durante todo o dia.

Como integrar a prática

Esta seção dá mais detalhes sobre a integração da prática durante o período de vigília. Ela se refere principalmente à terceira prática, mas é um exemplo de como trabalhar com todas as quatro práticas.

A terceira prática principal tem por objetivo fortalecer a presença. Como podemos aplicar esta prática na vida cotidiana?

A maioria de nós tem a experiência de estar em situações em que nos sentimos internamente seguros, em que estamos confiantes e confortáveis, capazes de responder intencionalmente ao que está acontecendo. Permanecemos lúcidos e fluimos com a experiência, em vez de lutarmos contra ela.

Provavelmente também conhecemos a sensação desagradável de

instabilidade, sem saber como responder a uma situação. Esta instabilidade interna tem muito a ver com a perda da capacidade de permanecer estável na consciência do momento presente. Em vez disso, somos arrastados para pensamentos e emoções turbulentos, com o corpo tenso ou desconfortável e respondendo às narrativas que se desdobram na imaginação e não ao que está realmente acontecendo.

Fortalecer a presença, mantendo-se conectado à consciência clara no momento presente, é a fonte do poder de permanecer livre de distrações com as histórias que atravessam a mente. Quando não somos arrastados para longe do momento presente, temos a capacidade de responder de maneira sábia e positiva.

Para aplicar a prática na vida em vigília, comece perguntando-se onde e quando você sente falta de presença, incapaz de permenecer centrado. Você pode se sentir inseguro nos relacionamentos, vulnerável e indeciso. Pode ser ainda que você se sinta confortável nos relacionamentos, mas se sinta fragilizado nos ambientes de trabalho ou se retraia em ambientes sociais, escondendo-se por trás de uma identidade social.

Tome alguns instantes para refletir sobre isso. Reconhecer as situações ou relacionamentos em que você sente essa desconexão do seu eu mais profundo pode ser útil. Quando se encontrar em uma situação que possa causar essa desconexão, você pode apreciá-la como uma oportunidade para praticar. Você não precisa esperar por um sonho à noite; o sonho está se manifestando durante o dia.

Você está presente naquela situação, consegue sentir a instabilidade, incerteza, ansiedade, irritação, fragmentação ou distração que já são familiares e imediatamente reconhece uma oportunidade para praticar. Leve a atenção clara e aberta para a região do coração. Sinta o HUNG no centro do chakra. Sinta o espaço em seu coração aberto e amplo. Permaneça no presente, lúcido. Se você se perder, solte a distração e fique novamente presente. Escolha responder positivamente, mesmo que a resposta esteja apenas em sua mente. Abra-se, aceite, permaneça presente.

E se você não se sentir forte e não permanecer presente? Tudo bem.

Apenas continue retomando a prática. Familiarize-se com o permanecer na consciência aberta, usando o coração como âncora, mesmo que seja apenas por alguns instantes. É importante notar esses momentos e como é a transição da distração para a presença: como a mente e o coração se abrem, como é diferente da experiência de estar perdido nas histórias em sua mente. A força virá à medida que você praticar e, por fim, se manifestará como uma segurança tranquila. Prestar atenção à mudança fortalece a experiência.

Além de perceber a mudança, tente permanecer consciente por períodos mais longos. Se passar cinco minutos praticando e trabalhando para levar a atenção clara e aberta ao seu coração, você começará a sentir uma mudança. Tome consciência da qualidade que surge à medida que você se estabiliza na consciência aberta. Você sentirá a diferença. Reconhecendo a diferença, expanda e prolongue a experiência, cultivando a familiaridade. Nós chamamos isto de *gom*. É importante continuar por mais cinco, dez minutos, ou pelo tempo que você tenha para praticar. Com o passar do tempo, situações que antes levavam a distrações, incertezas e agitações, tornam-se agora sinais para retomar a prática da presença.

Utilize esse método para desenvolver a paz da primeira prática, a luminosidade da segunda, o poder da terceira, e o destemor da quarta prática. Assim, integramos a prática à vida diária. Mas a prática em si se aprofunda muito mais. Permanecer na lucidez clara e vívida é a essência do caminho.

Comentários adicionais sobre os elementos da prática

Sequência

Cada seção da prática evoca uma qualidade energética particular de consciência a ser integrada com a lucidez e cada qualidade apoia o desenvolvimento da seguinte. Por essa razão, as quatro sessões são praticadas em sequência.

A primeira parte da prática é permeada pelo aspecto pacífico dos sonhos. É muito mais fácil trabalhar com este aspecto do que, por exemplo, com o irado. É mais fácil permanecer presente em uma situação pacífica do que em uma situação assustadora. É um princípio geral da prática trabalhar com maior frequência com situações que são mais fáceis de dominar e praticar com situações mais difíceis à medida que nos desenvolvemos. Neste caso, primeiro desenvolvemos foco e estabilidade em uma situação de paz e depois trabalhamos com aspectos mais desafiadores da experiência.

A primeira prática não consiste tanto em tentar desenvolver algo, mas sim em redescobrir uma consciência restauradora. É menos um tentar fazer e mais uma permissão de ser. É como se, depois de correr o dia inteiro, você chegasse em casa e relaxasse em sonhos tranquilos. É preciso um pouco de tempo para descansar e se recuperar. O chakra utilizado é o chakra da garganta que está energeticamente conectado à paz interior.

Quando você passa para a segunda prática, para aumentar a luminosidade, você traz consigo o acesso à paz, modificando a atitude e a qualidade da mente. Cultivar a paz e a estabilidade na primeira prática é como estabelecer uma base no corpo. Na segunda parte, você ornamenta o corpo desenvolvendo uma lucidez vívida e luminosa. Assim, o foco está no chakra atrás da testa, que está ligado à abertura e ao aumento da luminosidade.

Se a estabilidade for desenvolvida na primeira prática e a luminosidade na segunda, então o poder pode ser desenvolvido na terceira. O ponto focal é o chakra mais central do corpo, o chakra do coração, que está conectado à fonte de poder. O poder cultivado aqui é o poder sobre os pensamentos e o poder de estar livre da reatividade habitual ao encontrar as aparências. Assim como um soberano sentado em um trono – o assento do poder – você se senta sobre a base do seu poder, na lucidez pura.

Na quarta prática, sobre a base da estabilidade, da luminosidade e do poder, desenvolvemos o destemor. Temos dentro de nós as causas para sonhos assustadores. Após obtermos um grau de realização nas três primeiras etapas da prática, nós as invocamos, focalizando o tiglé preto no chakra secreto, o chakra mais intimamente ligado às marcas kármicas iradas. A geração de sonhos assustadores é, aqui, um resultado da prática, e o praticante é encorajado a dar prosseguimento a sonhos desse tipo, a usar a prática para transformar até mesmo as marcas kármicas mais aterrorizantes em caminho. Dessa forma, testamos nosso desenvolvimento na prática e reforçamos ainda mais as qualidades que cultivamos. Imagens e situações assustadoras em sonhos são bem-vindas como oportunidades para o desenvolvimento da prática. Da mesma forma, utilizamos situações difíceis nos momentos de vigília para desenvolver a estabilidade na lucidez.

Postura

No lugar de onde eu venho, a maioria das pessoas dorme em um tapete tibetano de um metro por dois. Se você se movesse muito, caía da cama. Isso geralmente não acontece porque, quando você dorme em um lugar pequeno, a mente adormecida mantém a posição do corpo durante toda a noite. Quando se dorme sobre uma cama estreita, é natural manter uma consciência suficiente para não ultrapassar a beirada da cama. Aqui, nas grandes camas do Ocidente, um dorminhoco pode girar como os ponteiros de um relógio e não cair, mas manter uma única posição ajudará a manter a consciência.

Você pode experimentar isso quando perceber que sua concentração está dispersa. Mude a posição do corpo, endireite as costas e o pescoço, acalme e suavize a respiração; pode ser que você sinta que consegue se concentrar muito bem. A respiração, o movimento do prana, a posição do corpo, os pensamentos e a qualidade da mente estão todos inter-relacionados. Desenvolver esta compreensão permite que o praticante gere experiências positivas conscientemente.

As posturas recomendadas na tradição podem ser incômodas se você não estiver acostumado a elas. Elas têm o objetivo de ajudar a alinhar o corpo energético com a prática. Se as posturas forem confortáveis para você, ótimo. Se não, não se preocupe. O desconforto não ajuda; é um obstáculo. Basta praticar com os símbolos e os locais. Por exemplo, na primeira prática, visualize o lótus e o A vermelho no chakra da garganta enquanto mantém uma postura confortável. O objetivo é fundir-se com a qualidade que, neste caso, é a paz, e não focar no desconforto.

O foco da mente

Assim como várias posturas do corpo alteram o fluxo de energia e afetam a qualidade da experiência, o mesmo acontece com diferentes visualizações focadas no corpo. Cada uma das quatro partes da prática principal envolve o foco em um tiglé ou sílaba em um dos quatro chakras.

Esses pontos de foco não estão realmente lá. O objeto de visualização é como um desenho ou símbolo representando padrões e qualidades de energia que se movem naquele local. Ao utilizar essas imagens, a mente é mais capaz de se conectar com os padrões específicos de energia onde eles estão mais fortemente concentrados. A cor também tem um efeito na consciência, como sabemos pela nossa própria experiência. Se entrarmos numa sala pintada de vermelho, nossa experiência é bem diferente do que seria se entrássemos numa sala branca, numa sala verde ou numa sala preta. A cor é utilizada na visualização para ajudar a estabelecer uma qualidade na consciência.

Para experimentar como as visualizações afetam a consciência, faça o seguinte: imagine estar na escuridão total, completamente no escuro. Não só é escuro ao seu redor, mas também o seu campo visual, sua pele, acima e abaixo de você, dentro de cada célula do seu corpo. Os sons ainda existem, mas na escuridão total. É quase como se você pudesse sentir, cheirar e sentir o gosto da escuridão.

Agora imagine que, de repente, a escuridão dá lugar a uma luz clara e pervasiva que ilumina tudo ao seu redor, dentro você – a luz é você. Se você brincar um pouco com isso, poderá sentir a diferença nas duas visualizações através dos sentidos imaginários sutis que iluminam seu mundo interno, e não apenas o aspecto visual da imaginação. No escuro, você tem uma experiência, talvez até um pouco de medo; na luz, há claridade.

Aqui está mais um experimento para dar a você a experiência do tipo de foco que a prática exige. Relaxe seu corpo. Imagine um A vermelho e luminoso em seu chakra da garganta. A luz vermelha é profunda, abundante e intensa. Use sua imaginação para sentir a luz. Deixe-a acalmar você, relaxar, acalmar sua mente e seu corpo, curar você. A luz se expande, preenchendo seu chakra da garganta e, então, todo o seu corpo. À medida que isso acontece, ela relaxa todas as tensões. Tudo que ela toca se dissolve em luz vermelha. Todo o seu corpo se dissolve em luz vermelha. Deixe a luz penetrar sua consciência para que tudo o que você puder ver seja luz vermelha radiante; tudo o que você sente é luz vermelha calma; qualquer som que você ouve é luz vermelha tranquila. Não pense nisso ao longo da experiência. Deixe sua mente ser luz vermelha para que não haja "você" sendo consciente de um objeto, apenas a luz vermelha sendo a própria consciência. Permita que o que quer que surja como sujeito ou objeto se dissolva em luz vermelha. Tudo – corpo e energia, mundo e eventos mentais – se dissolve até que você esteja completamente fundido com a luz vermelha. Não há "dentro" ou "fora", apenas a luz vermelha. É assim que devemos fundir nós mesmos e todas as coisas com o A e nos concentrar durante a noite, unificados com a experiência por trás da visualização.

Como meditantes, às vezes, pensamos que a concentração é como um interruptor que está ligado ou desligado, mas isso não é verdade. A consciência pode ser concentrada em vários graus de intensidade. Por exemplo, quando eu saí de um longo retiro no escuro, todos os fenômenos visuais eram extremamente intensos. As casas e as árvores, todas as cores e todos os objetos, tudo era vibrante. Quando via essas mesmas imagens dia após dia, eu mal notava, mas depois de cinquenta dias de escuridão total, meu foco na visão era tão intenso que tudo era extraordinariamente vívido. À medida que os dias passavam, os fenômenos visuais pareciam perder o brilho, mas é claro que os fenômenos não haviam mudado – era minha consciência deles que havia enfraquecido. Embora as circunstâncias da minha experiência fossem incomuns, elas ilustram um princípio geral. Todas as nossas experiências serão mais vívidas se nos concentrarmos no presente sem distração.

Na prática, há gradações na intensidade do foco. Quando começamos a visualização à noite, o foco sobre o tiglé é bem intenso. À medida que o corpo relaxa e o sono aumenta, a imagem da visualização enfraquece. Os sentidos se desvanecem, havendo menos audição, olfato, tato, etc. A consciência diminui em intensidade e acuidade. Em seguida, pode quase não haver sensação, e esse é um outro nível de foco. Por fim, as experiências sensoriais e as imagens da visualização desaparecem.

É provável que você tenha naturalmente experimentado manter o foco durante toda a noite; por exemplo, quando você precisa acordar para um compromisso mais cedo, um certo grau de consciência permanece durante o sono. Digamos que você tenha que se levantar às cinco da manhã. Você vai dormir, mas continua acordando para checar o relógio. A consciência da necessidade de acordar cedo permanece, embora você não esteja conceitualizando fortemente e não esteja pensando sobre isso. O foco é sutil. Este é o tipo de foco que queremos trazer para a prática – não uma concentração forte, mas um toque leve, suave, mas consistente. Se você está alegre antes de adormecer porque algo maravilhoso aconteceu em sua vida, cada vez que você acorda, acorda com alegria. Ela permanece presente durante o sono; você não precisa se agarrar a ela. Sua consciência simplesmente descansa com ela. Esta é a maneira de permanecer conectado ao tiglé: durma com ele como você dorme com a alegria.

Há duas maneiras de se relacionar com fenômenos que são relevantes para focar no tiglé. Em uma delas, os fenômenos são agarrados pela mente. Na outra, os fenômenos surgem na mente. Agarrar-se é uma forma mais grosseira de interação dualística. O objeto é tratado como algo separado, distinto – e a mente se agarra a ele. Quando essa fixação cessa, isso não significa que o dualismo tenha desaparecido – os fenômenos ainda surgem na experiência e são conceitualizados como entidades separadas – mas a conceitualização é mais sutil. Pode-se dizer que a primeira é uma conceitualização mais agressiva e ativa, enquanto a segunda é mais passiva, em que simplesmente permitimos que os fenômenos surjam na consciência. Como essa forma é mais fraca, é mais fácil de dissolver na consciência pura.

Iniciamos a prática com a forma mais grosseira. Conceitualizamos o objeto e desenvolvemos a experiência mais forte possível dele, utilizando os sentidos imaginários. Tente visualizá-lo claramente e, mais importante, sinta-o e deixe-o afetar as sensações no corpo e a qualidade da mente. Depois de estabelecer fortemente o objeto na consciência, solte a fixação. Deixe o objeto surgir sem esforço como se a intenção, presente como pano de fundo da consciência, ligasse a mente ao objeto. Assim como a mente permanece ligada à necessidade de acordar para um encontro antecipado ou a uma grande alegria, não há necessidade de esforço ou concentração – o objeto apenas aparece, e você está presente com ele. Você não está mais criando o objeto; você está permitindo que ele surja, observando-o. É como deitar-se ao sol com os olhos fechados. Sem se concentrar no sol que está "lá fora", você se sente aquecido, a luz está ali, você não está separado dela. Você não tem uma experiência de calor e luz – você não precisa tentar se manter concentrado – sua experiência é calor e luz; você está fundido com eles. É assim que se deve experienciar a visualização durante a prática.

Um problema frequentemente encontrado quando começamos a praticar é a perturbação do sono que ocorre quando o foco é mantido com muita tensão. O foco deve ser leve, sem esforço. Isto pode ser comparado no sono comum com a diferença entre ter imagens e pensamentos à medida que se adormece e estar emocionalmente e intensamente fixado em pensamentos e memórias, o que leva à insônia.

Deixe que a experiência ensine. Preste atenção no que funciona e no que não funciona, e faça ajustes. Se a prática mantém você acordado, reduza progressivamente a intensidade do foco até que você consiga dormir.

O foco no tiglé ou na sílaba, seja agarrando-se ou deixando que surjam, é um primeiro passo. A verdadeira intenção é se unificar com a experiência que o objeto simboliza. Por exemplo, a letra A é o símbolo do estado natural da mente, não nascido e imutável. Em vez de focar na letra A como um objeto, é melhor fundir-se com a lucidez pervasiva que ela representa. A lucidez pode ser cultivada no sono porque ela já está presente.

Para além de deixar o objeto aparecer à mente, há a presença não dual. A imagem pode ou não permanecer, mas em ambos os casos, a experiência não é dividida em sujeito e objeto. Existe apenas a consciência, e você é ela. Este é o significado do A claro ser tingido de vermelho pela cor das pétalas do lótus. Nossa consciência natural é simbolizada pelo A. Quando a experiência surge, simbolizada pelo vermelho das pétalas, ela colore o A, mas a luminosidade de rigpa não se perde.

Muitas vezes os praticantes dizem que têm dificuldade em sustentar a visualização ou que visualização interfere no sono. A progressão é vê-la, senti-la e depois se unir a ela. À medida que se funde com o objeto, a visualização pode cessar. Isto não é um problema. Para adormecer, você precisa soltá-la.

Os ensinamentos também recomendam este tipo de foco no momento da morte. Manter essa presença é a essência da prática da transferência da consciência no momento da morte (*phowa*). Nesta prática, a intenção é transferir a mente diretamente para o espaço puro da consciência (dharmakaya). Se bem-sucedido, o praticante não passa pela turbulência e pela distração da experiência após a morte, mas, em vez disso, é liberado diretamente na clara luz.

Sem a capacidade de permanecer na presença pura, nos distraímos e vagueamos em sonhos, fantasias, samsara, a vida seguinte. Se permanecermos na presença pura, nos encontramos na clara luz durante a noite, permanecemos na natureza da mente durante o dia e somos liberados no bardo após a morte.

Capítulo 15

Lucidez

Se alguém nos diz que passou muitos anos em retiro, ficamos impressionados e com razão; esse tipo de esforço é necessário para atingir a iluminação. Mas, em nossas vidas ocupadas, tal coisa pode parecer impossível. Podemos desejar fazer um retiro tradicional de três anos, mas nossas circunstâncias nunca permitirão.

Na verdade, todos nós temos a possibilidade de fazer essa quantidade de prática. Durante os próximos dez anos de vida, passaremos três anos dormindo. Talvez simplesmente ignoremos os sonhos. Mas, se nos lembrarmos deles, mesmo partes deles, poderemos ter experiências maravilhosas. Podemos também praticar a raiva, o ciúme ou o medo. Talvez estas sejam experiências emocionais que precisamos ter, mas não precisamos continuar intensificando a inclinação habitual para nos apegarmos e sermos movidos por emoções e fantasias. Por que, em vez disso, não praticar o caminho? Podemos dedicar esses três anos de sono à prática. Uma vez que a lucidez esteja estabilizada, qualquer prática pode ser feita no sonho, algumas mais efetivamente e com mais resultados do que quando praticada durante o dia.

O yoga dos sonhos desenvolve a capacidade que todos nós temos de sonhar com lucidez. Um sonho lúcido, neste contexto, é aquele em que o sonhador está consciente de que está sonhando durante o sonho. A maioria das pessoas já teve pelo menos uma experiência de sonho lúcido, sendo comum na infância. Pode ter sido em um pesadelo no qual percebemos que estávamos em um sonho e acordamos para escapar. Ou pode ter sido apenas uma experiência incomum da qual ainda nos lembramos. Algumas pessoas têm sonhos lúcidos regularmente sem qualquer intenção de tê-los, mas a maioria de nós não tem. Quando as práticas preliminares e principais estiverem integradas na vida do praticante, os sonhos lúcidos começarão a ocorrer com mais e mais frequência. O sonho lúcido não é em si o objetivo da prática, mas é um importante desenvolvimento ao longo do caminho deste yoga.

Existem diferentes níveis de sonhos lúcidos. No nível superficial, você pode perceber que está em um sonho, mas tem pouca clareza e nenhum poder para afetar o sonho. A lucidez é encontrada e depois perdida. Na outra ponta desse espectro, os sonhos lúcidos podem ser extraordinariamente vívidos, como se fossem "mais reais" do que a experiência comum no período de vigília.

Executando as práticas de fundação durante o dia, você desenvolve uma maior continuidade de consciência, uma maior lucidez, tornando-se mais livre para escolher como responder à experiência. A prática consiste em guiar seus pensamentos, fala e comportamentos para que as situações e experiências internas tomem uma direção positiva. À medida que faz isso, você pratica o desenvolvimento da estabilidade na lucidez clara.

O mesmo ocorre no caso dos sonhos. Se você está lúcido em um sonho, você tem liberdade. Você pode então praticar transformando a si mesmo e transformando o sonho até que os limites e restrições da mente e da identidade sejam superados. Dessa forma, você pode literalmente fazer qualquer coisa que possa imaginar. A mente se torna flexível.

Por que a flexibilidade da mente é tão importante?

As visões equivocadas e a rigidez resultantes do desejo e da aversão nos mantêm presos nas histórias e delusões da mente. Diferentes pessoas que compartilham uma mesma situação reagem de formas diferentes. Alguns agarram-se mais e outros menos. Quanto mais se agarram, mais reagem ao condicionamento kármico e menos liberdade têm. Acabamos sendo controlados pelas experiências que encontramos.

A flexibilidade da mente é uma capacidade que, quando desenvolvida, nos permite abandonar as reações habituais. Podemos, assim, escolher diminuir a fixação e a aversão e permanecer na lucidez clara. Podemos aceitar as coisas como elas são e responder positivamente ao que ocorre. Tal qual um espelho, podemos acolher o que quer que surja. Neste momento nos falta essa flexibilidade porque não entendemos que o que surge na consciência, e nossas reações correspondentes, são reflexos de nossas próprias mentes. Conforme praticamos a transformação no sonho e em nossa vida diária, somos capazes de experienciar essa verdade diretamente.

Nos sonhos lúcidos, praticamos a transformação do que é encontrado. À medida que rompemos as limitações habituais da experiência, a mente se torna flexível e calma. Quando temos a experiência de transformá-las e de soltá-las nos sonhos, ficamos menos inibidos por nossas identidades construídas. Ficamos menos limitados por nossas percepções habituais quando temos a experiência do quanto são subjetivas. O objetivo dessas práticas é integrar lucidez e flexibilidade em cada momento da vida, soltando a tendência fortemente condicionada que temos de ordenar a realidade e de dar sentido a ela. Despertamos das delusões.

Como desenvolver flexibilidade

Os ensinamentos sugerem muitas coisas que podem ser feitas nos sonhos depois de termos desenvolvido a lucidez. O primeiro passo para desenvolver flexibilidade no sonho, assim como na vigília, é reconhecer o potencial para fazer isso. Ao refletirmos sobre as possibilidades sugeridas nos ensinamentos, a mente as incorpora em seu potencial.

Assim, nos tornamos capazes de ter experiências que não podíamos sequer imaginar.

Se eu clicar em um dos ícones na tela do meu computador, um arquivo se abre. Quando clico em outro, outra coisa aparece na tela. A mente é assim. A atenção se dirige a algo e, como quando se clica em um ícone, de repente, aparece um trem de pensamentos e imagens. E a mente continua clicando, movendo-se de uma coisa para outra. Às vezes temos duas janelas abertas, como quando estamos falando com alguém e, ao mesmo tempo, pensando em outra coisa. Normalmente não pensamos nisso como tendo múltiplos eus ou múltiplas identidades, mas podemos manifestar esses múltiplos eus em um sonho. Em vez de simplesmente termos nossa atenção dividida, no sonho podemos nos dividir em corpos de sonho diferentes, simultaneamente existentes.

Certa noite, depois de trabalhar no computador, sonhei que estava olhando para uma tela na qual apareciam ícones. Eu podia clicar neles com minha mente, transformando todo o ambiente. Apareceu um ícone para floresta e, quando cliquei nele, eu estava em uma floresta. Então, um ícone para o oceano apareceu e, depois de clicar nele, de repente, eu estava em uma praia. A capacidade de fazer isso estava em minha mente, mas a experiência específica surgiu após a interação com meu computador. Os pensamentos influenciam os pensamentos subsequentes.

A prática dos sonhos trabalha com isso. Os ensinamentos nos apresentam novas ideias, novas possibilidades e as ferramentas para realizá-las. Dessa forma, cabe a nós manifestarmos essas possibilidades nos sonhos e na vida em vigília.

Por exemplo, os ensinamentos falam em multiplicar as coisas em sonho. Talvez sonhemos com três flores. Por estarmos conscientes de estarmos em um sonho e da flexibilidade do sonho, podemos criar uma centena de flores, mil flores, uma chuva de flores. Mas primeiro precisamos reconhecer a possibilidade. Se não soubermos que temos a opção de fazer essa multiplicação, então, para nós, a opção não existe.

Pesquisas com sonhos no Ocidente revelaram que as pessoas podem melhorar suas habilidades praticando-as em sonhos e devaneios. Esse entendimento foi incorporado aos ensinamentos séculos atrás. Isso não precisa ser dirigido apenas às habilidades para nos ajudar na vida diária; pode ser aplicado nos níveis mais profundos da vida espiritual. Praticar a transformação no sonho é igual às práticas tântricas nas quais você se transforma. Tem os mesmos objetivos e benefícios, mas é muito mais fácil de realizar em um sonho porque você, de fato, se transforma.

Sempre almeje o objetivo mais elevado, mais abrangente, já que este se encarregará automaticamente do inferior. Embora seja bom trabalhar em questões relativas, depois da iluminação, os problemas não existem mais.

O *Tantra Mãe* lista onze categorias de experiências nas quais a mente está normalmente limitada pelas aparências. Todas elas devem ser reconhecidas, desafiadas e transformadas. O princípio é o mesmo em todas elas, mas é interessante dedicar um tempo para refletir sobre cada uma para, assim, incorporar as possibilidades de transformação à sua mente. As categorias são tamanho, quantidade, qualidade, velocidade, realização, transformação, emanação, viagem, visão, encontro e experiência.

Tamanho. Modifique o seu tamanho em um sonho, tornando-se pequeno como um inseto e depois grande como uma montanha. Tome um grande problema e torne-o pequeno. Pegue uma flor pequena e faça com que fique grande como o sol ou segure a lua em sua mão.

Quantidade. Se há um buddha em seu sonho, multiplique para cem ou mil. Se houver mil problemas, reduza a um. Na prática dos sonhos, você pode queimar as sementes do karma incipiente. Usando a lucidez, conduza o sonho em vez de ser conduzido; sonhe em vez de deixar-se sonhar.

Qualidade. Quando as pessoas ficam presas em uma experiência desagradável, muitas vezes é porque não sabem que ela pode ser modificada. Pense na possibilidade de transformá-la e depois pratique em um sonho. Quando você está com raiva em um sonho, transforme essa emoção em amor. Você pode mudar as qualidades de medo, ciúme, raiva, ganância e embotamento. Nenhuma delas é útil. Diga a si mesmo que elas podem ser superadas, transformando-as. Você pode até mesmo dizer isso em voz alta para fortalecer sua percepção. Esta prática também pode ser feita quando se está acordado. É mais fácil em um sonho, mas não é para ser praticada apenas em sonhos. Uma vez que você tenha a experiência, faça o mesmo na vida em vigília e vice-versa – quando pratica na vigília, fica mais fácil no sonho. Assim desenvolvemos a liberdade e a flexibilidade. Você não precisa continuar preso por condicionamentos antigos.

Velocidade. Em apenas alguns segundos de sonho, muitas coisas podem ser realizadas porque você está inteiramente na mente. Desacelere uma experiência até que cada momento seja um mundo inteiro. Visite uma centena de lugares em um minuto. Os únicos limites em um sonho são os limites da imaginação.

Realização. O que quer que você tenha sido incapaz de realizar na vida, você pode realizar em sonhos. Faça práticas, escreva um poema, viaje para outro planeta. Fale com uma multidão de mil pessoas se tiver medo de falar em público, caminhe em uma corda bamba por um cânion profundo se tiver medo de alturas, termine o que precisa ser terminado.

Um ano depois que minha mãe faleceu, ela apareceu em meu sonho e pediu ajuda. Perguntei a ela o que eu poderia fazer. Ela me deu um desenho de uma estupa e pediu que eu a construísse para ela. Eu sabia que estava sonhando, mas aceitei a tarefa como se fosse real. Eu estava na Itália na época, onde há muitas restrições de construção e leis de zoneamento. Não sabia como obter as licenças, o dinheiro ou o terreno de que precisava. Então pensei em pedir aos meus guardiões. Essa é a recomendação do Tantra Mãe: pedir ajuda aos guardiões dos sonhos quando nos deparamos com uma tarefa que parece impossível.

Em resposta ao meu pedido de ajuda, os guardiões apareceram. Uma árvore bodhi gigante surgiu no sonho e, de repente, os guardiões a transformaram em uma estupa. Em nossa cultura, acreditamos que a construção de uma estupa para alguém que morreu ajuda essa pessoa a seguir para seu próximo nascimento. Minha mãe estava feliz e satisfeita no sonho e eu também. Senti que havia dado a ela algo importante, algo que não havia acontecido em casa na Índia quando faleceu. Agora havia sido realizado, e eu e minha mãe estávamos ambos felizes. Esse sentimento se transferiu para minha vida em vigília.

As realizações em sonhos influenciam a vida em vigília. Ao trabalhar com a experiência, você trabalha com os traços kármicos. Utilize o sonho para realizar o que é importante para você.

Transformação. A transformação é muito importante para os praticantes do tantra, pois é o princípio subjacente à prática tântrica. Mas ela também é importante para todos nós. Aprenda a se transformar. Experimente tudo. Transforme-se em um pássaro, um cachorro, um garuda, um leão, um dragão. Transforme-se de uma pessoa irada em uma pessoa compassiva, de um ser humano apegado e ciumento em um buddha aberto e lúcido. Transforme-se no yidam e na dakini. Isto é muito poderoso para desenvolver a flexibilidade e superar as limitações das identidades habituais.

Emanação. Esta é semelhante à transformação. Depois de se transformar em um yidam ou em um buddha, emane muito mais corpos que podem ser de benefício para outros seres. Duplique-se e seja dois corpos, depois três, quatro, tantos quantos você puder, e depois mais. Quebre a limitação de se sentir como um ego único e separado.

Viagem. Comece pelos lugares que você deseja ir. Você quer ir para o Tibete? Faça uma viagem até lá. Para Paris? Para onde você sempre quis ir? Para onde você tem medo de ir? Vá!

Não se trata simplesmente de chegar a algum lugar; trata-se da viagem. Dirija-se até lá conscientemente. Você pode viajar para outro país, para uma terra pura onde não há nenhuma mácula, ou para um lugar que você não visita há muitos anos. Quase todas as noites eu volto para a Índia – uma maneira barata de viajar. Visite o fundo do oceano ou o centro da terra, voe até a lua. Solte as limitações que aprisionam sua mente.

Visão. Tente ver algo que você nunca viu antes. Alguma vez você já viu Guru Rinpoche? Tapihritsa? Cristo? Agora você pode ver. Você já viu Shambhala ou o centro do sol? Você já viu células se dividindo em seu corpo ou seu coração bombeando ou o topo do Monte Everest ou a visão através do olho de uma abelha? Crie ideias para si mesmo e depois torne-as reais em sonhos.

Encontro. Nas tradições tibetanas, temos muitas histórias de pessoas que se encontram com professores, guardiões, dakinis, etc., em seus sonhos. Talvez você sinta uma conexão com professores do passado ou do presente; agora você pode conhecê-los. Quando encontrá-los, pergunte imediatamente se podem se encontrar novamente. Isso cria mais uma oportunidade para um reencontro. Em seguida, peça ensinamentos.

Experiência. Utilize o sonho para experimentar algo que você ainda não tenha feito. Se você não tem certeza sobre sua experiência de rigpa, tenha no sonho. Você quer sentir o prana se mover nos canais e chakras? Experimente. Você pode vivenciar qualquer estado místico ou estágio do caminho, por mais elaborado ou simples que seja. Você pode respirar debaixo d'água como um peixe, caminhar através das paredes ou transformar-se em uma nuvem. Você pode percorrer o universo como um raio de luz ou cair como chuva do céu. O que quer que você puder pensar, você pode fazer.

O princípio de desenvolver flexibilidade no sonho é mais importante do que as particularidades, assim como a qualidade luminosa do cristal é mais importante do que a cor da luz que ele reflete. As sugestões dos ensinamentos não devem se tornar mais limites. Vá além deles. Pense em novas possibilidades e manifeste-as até que o que quer que pareça limitar sua experiência seja experimentado diretamente como frágil e livre de restrições. Se forem condicionadas pelas entidades aparentemente sólidas que encontramos, elas podem ser transformadas em nossa experiência, tornando-se luminosas e transparentes. Já que somos condicionados pela aparente solidez dos pensamentos, eles podem ser dissolvidos na liberdade ilimitada da mente. Trabalhe com os limites da experiência, das restrições do condicionamento e das crenças limitantes. Sua identidade é mais flexível do que você pode imaginar.

Há um princípio básico para a jornada espiritual que devemos continuar a exercitar, mesmo na liberdade do sonho. As possibilidades no sonho são ilimitadas, e podemos fazer qualquer mudança desejada no sonho, mas é importante mudar para o positivo. Isto serve melhor ao nosso caminho espiritual. As ações tomadas no sonho têm um efeito sobre nós internamente e condicionam nosso futuro, da mesma forma que as ações tomadas na vida em vigília. Há uma tremenda liberdade no sonho, mas que não está livre de causa e efeito kármico. Precisamos de paciência e de uma forte intenção de desenvolver a flexibilidade necessária para derrubar as imposições do condicionamento negativo.

Trate seus sonhos com respeito e incorpore todas as experiências de sonho, assim como de sua vida em vigília, no caminho. A lucidez traz mais luz à mente; o exercício da flexibilidade desfaz o condicionamento que a limita. Utilizar os sonhos para desenvolver liberdade frente às limitações, para superar obstáculos em seu caminho e, finalmente, para reconhecer sua verdadeira natureza e a verdadeira natureza de todos os fenômenos, é utilizar os sonhos com sabedoria.

Capítulo 16

Os obstáculos

O *Tantra Mãe* descreve quatro obstáculos que podem ser encontrados no yoga dos sonhos: distração em fantasias delusórias, lassidão, agitação que resulta acordar e esquecer. Ele indica remédios internos e externos.

Perder-se em delusões

É fácil nos perdermos nas histórias da mente durante o estado de vigília. Mesmo que tentemos permanecer lúcidos e conscientes do momento, as situações da vida e os nossos condicionamentos são tais que quase tudo pode capturar nossa atenção e arrastá-la. Algo surge na mente – uma interação com alguém, algo que vimos ou ouvimos, um pensamento sobre o futuro ou uma memória – e nos perdemos em histórias, emoções, julgamentos, planos e reações. Somos aprisionados no sonho do dia e perdemos a conexão com a consciência clara.

No sonho da noite é a mesma coisa. Assim que o sonho surge, você se perde no conteúdo, reagindo ao que parece ser real. Você não reconhece que se trata de "apenas um sonho". O *Ma Gyu* chama isso de obstáculo da delusão. Delusão porque somos fisgados e perseguimos aparências que não existem da maneira que pensamos que existem. Elas estão apenas na mente, são reflexos da mente. Elas não são intrinsecamente reais.

O antídoto interno é focar no canal central. Como é essa sensação? Experimente. Você se sentirá centrado e presente, você sai da fantasia e retorna para si mesmo, para o momento presente. É útil adormecer consciente do canal central. Seja simples. Basta sentir o canal central, colocar sua atenção lá. Isto evitará que a mente fuja.

O *Ma Gyud* recomenda a meditação sobre a impermanência e a natureza ilusória da experiência dualística. Quando consideramos o conteúdo do sonho como sendo real e sólido, ficamos presos na história e nos perdemos. Reconhecer as aparências como insubstanciais e temporárias torna mais fácil permanecermos livres de distrações, e isso nos permite permanecer na consciência clara.

O antídoto externo é fazer uma oferenda ou fazer práticas devocionais como guru yoga. O yoga do sonho não é apenas psicológico; é uma prática espiritual. Confie nos professores e nos ensinamentos, nos seres iluminados, na deusa dos sonhos. A capacidade de abrir seu coração e rezar afeta positivamente os resultados da prática. Se seu objetivo é apenas ter sonhos lúcidos, isso não tem importância. Mas se seu objetivo é a iluminação suprema, então é útil fazer essas conexões.

Lassidão

O segundo obstáculo é a lassidão. Ela se manifesta como uma preguiça interna, uma falta de energia interna e de luminosidade. Quando você se entrega à lassidão na prática, você pode se sentir confortável, mas sua atenção é fraca. Você não está totalmente presente mesmo quando está atento ao objeto de foco. Isto é diferente do primeiro obstáculo, no qual sua atenção persegue uma distração. Neste caso, a mente está embotada ou entorpecida.

O antídoto é visualizar uma fumaça azul subindo lentamente pelo canal central desde a junção dos três canais (quatro dedos abaixo do umbigo e no centro do corpo) até a garganta. Não se distraia pensando para onde a fumaça vai, se ela se acumula e esse tipo de coisa. Basta visualizar a fumaça subindo lentamente pelo canal central, como se já estivesse em um sonho.

O *Tantra Mãe* sugere que quando a lassidão ocorre, você pode estar encontrando um problema com um espírito ou com uma força em seu ambiente. Um tibetano visitaria um professor ou um curandeiro para pedir um exorcismo ou coisa assim.

Autodistração

O terceiro obstáculo é a autodistração. Você acorda de novo e de novo e fica inquieto durante o sono. Isso pode indicar um problema com o prana, ou você pode estar ansioso ou agitado. O antídoto é focalizar um lótus de quatro pétalas no chakra da garganta. Em cada uma das pétalas há uma dakini representada por um tiglé. O tiglé à frente de seu corpo é amarelo, o da sua esquerda é verde, atrás está o tiglé vermelho e, à direita, o azul. Se houver um problema de autodistração inquieta, concentre-se nos tiglés, um após o outro, enquanto adormece. Tente sentir as dakinis protetoras em todas as direções.

Externamente, pode ser benéfico fazer a prática do chöd, um ritual de oferenda para os espíritos. Verifique também se você quebrou compromissos assumidos (samaya) relacionados aos ensinamentos ou a seus professores. Relacionamentos conturbados com amigos também podem causar essa inquietação.

A autoconfissão pode ser útil. Para fazer isso, visualize seu professor ou seus objetos de refúgio, como na prática de guru yoga, e confesse o que estiver errado. Examine os erros, não com culpa ou vergonha, mas com consciência. Se você fez algo que não foi correto, decida não fazê-lo novamente. Talvez haja uma ação que deva ser tomada, como conversar com o amigo com quem você se desentendeu. Se for esse o caso, você pode decidir fazer isso.

Esquecimento

O quarto obstáculo é o esquecimento – esquecer-se de seus sonhos e esquecer-se de praticar. Mesmo que você tenha boas experiências, elas podem ser esquecidas. Fazer um retiro individual pode trazer mais luminosidade à mente. Equilibrar o prana usando a respiração pode assentar e estabilizar a consciência. O Tantra Mãe recomenda como antídoto a primeira prática principal, a prática focalizando o A na garganta. Mantenha a consciência na sílaba A enquanto adormece. Isso o ajudará a lembrar-se. Assim que acordar, registre os sonhos, mesmo que sejam apenas trechos de sonhos, criando o hábito de voltar-se para os seus sonhos no momento do despertar.

Os quatro obstáculos segundo Shardza Rinpoche

Shardza Rinpoche também descreveu quatro possíveis obstáculos, mas os categorizou de forma diferente: problemas com o prana, com a mente, com espíritos locais e com doença. Esses obstáculos podem dificultar a lembrança dos sonhos e também criar problemas no próprio sonho.

Se você sofre de um problema com o prana, a energia no corpo está bloqueada ou, de alguma forma, impedida de circular livremente. A mente e o prana estão conectados; se o prana está perturbado, a mente também está. Neste caso, formas de relaxar antes de dormir, como uma massagem ou um banho quente, podem ajudar. As nove respirações de purificação ou simplesmente uma respiração lenta e profunda podem ajudar. Tente permanecer o mais calmo e relaxado possível durante o dia.

A mente pode estar ocupada demais para permitir o sono. Por exemplo, depois de um dia agitado pode ser difícil parar de pensar e soltar a agitação; sua mente pode continuar presa aos problemas, tensa com a intensidade das experiências ou ansiosa. Se sentir dificuldade para acalmar a mente, fazer qualquer trabalho físico ou exercícios físicos que cansem ou até mesmo esgotem o corpo pode ajudar. Meditar sobre a vacuidade pode clarear a mente. E, como já mencionado anteriormente, tomar todas as medidas possíveis para relaxar antes de dormir também ajuda.

Perturbações com os espíritos locais podem resultar em um sono interrompido e inquieto. Sei que muitos ocidentais não acreditam nessas coisas. Eles podem pensar que a ideia de espíritos locais é um símbolo da energia de um lugar, da vibração, das sensações provocadas pelo ambiente. De certa forma, eles estão certos. Mas os tibetanos acreditam que existem realmente espíritos, seres que habitam determinados locais e, se alguém interfere energeticamente com esses seres, acaba sendo afetado por eles. A provocação dos espíritos locais pode resultar em sonhos terríveis, na incapacidade de lembrar dos sonhos ou na agitação que impede o sono.

Para esse tipo de situação, os tibetanos têm vários remédios. Eles frequentemente buscam um xamã e solicitam uma adivinhação para descobrir a origem do problema e a ação apropriada a ser tomada. Ou fazem prática de chöd, fazendo oferendas aos espíritos. Eles podem pedir ajuda ao seu mestre para indicar um ritual que corte a conexão do espírito com eles. O mestre geralmente pede algo pertencente à pessoa que está fazendo o pedido, como fios de cabelo ou uma peça de roupa, para queimar no fogo ritual. Embora os tibetanos tenham esses recursos, eles só são benéficos se você acreditar que os espíritos o estão perturbando. Caso contrário, você não tomará as medidas necessárias para reparar a situação. Se você sente a conexão com os espíritos, ofereça compaixão a eles. Se você não acredita em tais coisas, mas é sensível à energia do lugar, queime incenso e gere compaixão. Sejam quais forem as suas crenças, o melhor remédio é gerar compaixão e amor por todos os seres. Isto mudará o ambiente interno de sua mente e as suas emoções.

O quarto obstáculo é a doença e o ensinamento naturalmente recomenda que você consulte um médico.

Nenhum obstáculo deveria desencorajá-lo. Os mesmos problemas já foram encontrados e superados por inúmeros praticantes antes de você. Confie nos ensinamentos e em seu professor para descobrir os remédios. Eles estão disponíveis no ensinamento. Precisam apenas ser aplicados.

Seriedade demais

Um obstáculo que vejo com frequência ao ensinar é a seriedade excessiva. Nossa prática é compreender tudo como um sonho. Atingimos a realização disto através da prática do yoga dos sonhos. Ao final, vemos que a vida em vigília também é um sonho. No entanto, sem ver que a própria prática é como um sonho também, aí está você, sendo muito sério na prática do yoga dos sonhos. Parece que ela é uma verdadeira obrigação ou um compromisso que deve ser levado muito a sério. Isso pode causar tensão e agitação e se tornar um fardo. Se você se sentir assim, sua prática não irá funcionar.

O método é relaxar, respirar fundo, abrir-se, permitir, confiar. Permita que o resultado da prática chegue até você. É claro que isso não significa que você não deva fazer nada. Faça as práticas de fundação, os preparativos para a noite, e as práticas principais com intenção, mas também com abertura, tranquilidade e com uma atitude relaxada. Se você se sentir frustrado, é porque está se esforçando demais. Permita que o resultado chegue até você em vez de trabalhar duro para fazer o resultado acontecer. Apenas deixe que a prática faça parte da sua vida.

Por exemplo, às vezes encontro pessoas que têm uma capacidade natural de ter sonhos lúcidos e conseguem ter algum sucesso na prática do yoga dos sonhos. Quando me encontram pela primeira vez, elas me contam sobre os sonhos lúcidos que tiveram, que me viram em um sonho, e muitas outras coisas. Mas, depois, participam de um workshop de yoga dos sonhos, se concentram nela por um mês, e tudo acaba. Quando me encontram, eu digo que elas levaram tudo a sério demais. O ensinamento secreto é – relaxe.

Capítulo 17

Controlando e respeitando os sonhos

Algumas escolas da psicologia ocidental acreditam que é prejudicial controlar os sonhos, que os sonhos são uma função reguladora do inconsciente ou uma forma de comunicação entre partes de nós mesmos que não deve ser perturbada. Essa visão sugere que o inconsciente existe e que é um repositório de experiências e significados. O inconsciente molda o sonho e incorpora a ele um significado que será explícito e óbvio ou latente, que precisará de interpretação. Nesse contexto, acredita-se que o 'eu' seja composto pelos aspectos inconscientes e conscientes do indivíduo, sendo o sonho o meio de comunicação entre os dois. O eu consciente então se beneficia ao trabalhar com o sonho, extraindo dele o significado e o insight fornecidos pelo inconsciente. O benefício também pode vir da catarse do sonho ou do equilíbrio dos processos fisiológicos por meio da atividade de produzir sonhos.

A compreensão da vacuidade muda o nosso entendimento do processo de sonhar. Essas entidades – o inconsciente, o significado, o eu consciente – existem como coisas separadas apenas como conceitualizações úteis em nossas mentes.

Como mencionado anteriormente, há dois níveis de trabalho com sonhos. Um envolve encontrar significado no sonho. Isso é valorizado na cultura tibetana e em nossas práticas, em concordância com várias escolas da psicologia ocidental que consideram os sonhos valiosos.

Tanto no Oriente quanto no Ocidente, entende-se que os sonhos podem ser uma fonte de criatividade, oferecer soluções para problemas, diagnosticar doenças e assim por diante. Na cultura tibetana, também recorremos aos sonhos para nos conectarmos com os guardiões e recebermos orientação. Mas o significado dos sonhos não está nas imagens dos sonhos. Ele está sendo projetado no sonho pela pessoa que o examina e depois é "lido" a partir do sonho. O processo é como dar significado às imagens que parecem surgir nos testes de manchas de tinta usados por alguns psicólogos.

É fácil pensar que um sonho é como um pergaminho com uma mensagem secreta escrita em um código que, se for decifrado, qualquer pessoa poderá ler. Mas o significado do sonho será diferente de uma pessoa para outra e de um dia para o outro; ele não é fixo. Não há significado convencional fora de uma mente individual; o significado não existe até que alguém comece a procurá-lo. Essa visão não é render-se ao caos. Tampouco há caos ou falta de significado – estes são apenas mais conceitos.

Ao usar o sonho como uma via para a iluminação, o significado do sonho não é o mais importante. Embora valorizemos os insights que obtemos dos sonhos, reconhecemos que também há sonho no significado. O yoga dos sonhos usa o sonho para reconhecer o que está abaixo do significado, a base pura da experiência. Essa é a mais elevada das práticas com sonhos, preocupada em reconhecer e realizar o fundamento da experiência, o não condicionado. Quando chegamos a esse ponto, não somos mais afetados pelo fato de haver ou não uma mensagem no sonho.

Não há perigo em destruir algo importante quando alteramos nossos sonhos. A única coisa que destruímos é a nossa ignorância.

Capítulo 18

Práticas simples

O progresso nos yogas do sonho e do sono depende da intenção, do comprometimento e da paciência. Não existe uma prática única para alcançar a realização em uma única noite de esforços. O amadurecimento espiritual leva tempo, e é durante esse tempo que vivemos nossas vidas comuns. Quando lutamos contra o tempo, perdemos. Mas quando sabemos como vivenciar o tempo, a prática se desenvolve por si só.

O yoga dos sonhos em sua totalidade pode parecer assustador, que exige muito para se tornar uma realidade em nossa vida. Mas isso só é assim no início. A prática parece complexa porque vários elementos diferentes precisam trabalhar em harmonia para melhor apoiar o praticante, e é especialmente no início da prática que precisamos de mais apoio. Reserve um tempo para entender bem cada elemento da preparação e das práticas e use-os em conjunto para desenvolver a experiência.

À medida que o yoga dos sonhos vai sendo aprimorado, a prática se torna cada vez mais simples. Quando a consciência está estável, não é necessário executar nenhuma das formas específicas da prática. É suficiente permanecer na presença e gerar a intenção de fazer com que os sonhos lúcidos surjam naturalmente. Quando conseguir ter sonhos lúcidos com regularidade, experimente simplificar a prática.

Por ora, mesmo que opte por não trabalhar com a prática completa, há muito que pode ser feito com facilidade, acrescentando práticas simples aqui e ali, integrando a prática à vida gradualmente, até que toda a vida seja uma oportunidade para praticar. Não é necessário abandonar a prática se ela parecer excessiva. Extraia dela o que for possível.

Manter-se na presença clara, com lucidez, é a prática essencial. E isso pode ser feito a todo e a qualquer momento.

A mente em vigília

Ficamos acordados por aproximadamente dezesseis horas do dia, e a mente permanece ocupada o tempo todo. Muitas vezes parece que não há tempo suficiente. O mundo exige constantemente nossa atenção – milhares de coisas podem atrair nossa atenção e arrastá-la para longe. O dia se torna uma confusão, levando ao cansaço e a uma ânsia ainda maior por distrações para escapar do estresse. Viver dessa maneira não traz benefícios para nenhuma prática, nem mesmo para o yoga dos sonhos. Como antídoto para essa dispersão, podemos cultivar hábitos simples e regulares de nos reconectarmos a nós mesmos, de nos tornarmos mais presentes.

Cada respiração pode ser uma prática. Com cada inspiração, imagine que recebe energias puras, restauradoras e relaxantes. A cada expiração, imagine-se eliminando todos os obstáculos, o estresse e as emoções negativas. Isso não requer um lugar específico para se sentar. Pode ser feito enquanto espera o sinal abrir, sentado em frente ao computador, preparando uma refeição, limpando a casa ou caminhando. Isso pode mudar seu estado em poucos minutos.

A mente é como um macaco louco, pulando incessantemente de um pensamento para o outro. Uma prática simples, mas poderosa, para desenvolver uma consciência consistente é voltar-se para o corpo, uma fonte de experiência mais estável e constante do que a mente conceitual. Ele está sempre no presente e, assim, a atenção, quando conectada a ele, também permanece no presente.

Por exemplo, ao caminhar em um parque, o corpo está no parque, mas a mente pode estar trabalhando no escritório ou em casa, conversando com um amigo distante, planejando ou fazendo uma lista de compras. A mente se desconectou do presente e do corpo. Em vez disso, ao olhar para uma flor, observe-a verdadeiramente: a cor, a forma, a fragrância, a sensação. Esteja totalmente presente. Com a ajuda da flor, a mente retorna ao parque.

A apreciação da experiência sensorial reconecta a mente e o corpo. Ela abre a mente para a beleza. Quando a experiência é unificada, ocorre uma cura e ela está sempre disponível. Esteja presente nas árvores, sinta o cheiro da madeira, sinta o tecido de sua camisa, ouça o canto de um pássaro ou saboreie uma maçã. Mas também esteja presente com o som do trânsito, o cheiro de podre, a imagem do lixo. Treine para experienciar objetos sensoriais de forma vívida, sem julgamento. Tente ser completamente o olho com a forma, o nariz com o cheiro, o ouvido com o som e assim por diante. Tente ser completo na experiência enquanto permanece apenas com a consciência nua do objeto sensorial. Isso levará a uma experiência mais vívida nos sonhos e também na vida em vigília.

A prática consiste simplesmente em tentar permanecer consciente do corpo durante todo o dia. Se você não estiver em uma situação em que possa se concentrar sem interrupções, não tem problema. Basta voltar a atenção para o corpo com frequência durante o dia. E relaxe. Sinta o corpo e a consciência como um todo. Com o tempo, a mente se tornará mais calma e mais concentrada.

Enquanto a prática da presença se desenvolve, as reações habituais ainda ocorrerão. Ao ver uma flor, surgirão julgamentos sobre ela, ou um cheiro poderá ser rotulado como desagradável. Mas existe um momento antes de um objeto receber um nome, um momento de percepção pura. Ele é sempre claro e brilhante. Essa é a consciência pura, sua própria natureza fundamental. Embora esteja obscurecida pelas distrações da mente, ela está sempre presente, assim como o sol está presente mesmo quando completamente coberto pelas nuvens.

Distrair-se com uma nuvem de conceitos é um hábito que pode ser substituído por um novo hábito. Usar a experiência sensorial do corpo para ancorar nossa consciência nos conecta com a beleza do mundo, com a experiência vívida e nutritiva da vida que está debaixo de nossas distrações. Gradualmente, a mente se torna mais suave e mais calma, e desenvolvemos as qualidades mais favoráveis à prática bem-sucedida do yoga dos sonhos – presença e lucidez.

Como se preparar para a noite

Podemos nos sentir semimortos depois de um dia estressante. Mais tarde, caímos na cama e ficamos quase completamente mortos. Não dedicamos nem mesmo alguns minutos para estarmos presentes e para conectarmos o corpo e a mente. Em vez disso, passamos a noite distraídos, continuamos distraídos enquanto nos preparamos para dormir e depois nos deixamos levar pelo sono. Conectar mente, corpo e sentimentos é uma das coisas mais importantes que podemos fazer para garantir nosso progresso no caminho espiritual. Precisamos dedicar um pouco de tempo para fazer isso todas as noites antes de dormir.

Para ter um sono mais saudável e resultados mais significativos na prática dos sonhos, dedique alguns minutos antes de dormir para se reconectar à presença e à calma. Coisas simples são muito eficazes: tomar um banho, queimar um incenso, sentar-se em frente a um altar ou em sua cama e conectar-se com seres iluminados ou com seu mestre. Há coisas ainda mais simples e mais importantes que podem ser feitas: gerar sentimentos de compaixão; prestar atenção às sensações em seu corpo; cultivar experiências de alegria, felicidade e gratidão. Adormeça enquanto gera pensamentos e sentimentos positivos. As preces e o amor relaxarão o corpo, acalmarão a mente e trarão contentamento e paz para corpo e mente. Depois, sentindo-se seguro e em paz, reze: "Que eu tenha um sonho claro. Que eu tenha um sonho lúcido. Que eu possa repousar em lucidez". Repita essas frases ou outras semelhantes que você tenha elaborado com intenção, em voz alta ou internamente. Isso é muito simples de fazer, mas transformará a qualidade do seu sono e dos seus sonhos, e você se sentirá mais descansado e equilibrado quando despertar pela manhã.

Simplifique a prática

Se você achar que os quatro estágios da prática – o foco nos chakras da garganta, da testa, do coração e secreto – são muito complicados, trabalhe apenas com a primeira prática no chakra da garganta. Imagine um A vermelho e luminoso na garganta, depois de ter se preparado para dormir. Concentre-se no chakra, sinta-se em paz e adormeça. É importante que você tenha se acalmado antes para se sentir conectado ao corpo. Se concentrar-se na sílaba A parecer muito difícil ou complexo, apenas sinta todo o seu corpo, relaxe, conecte-se à presença e à compaixão. É assim que limpamos a mente e o corpo que ficam estressados e confusos durante o dia. Todas as noites, escovamos os dentes e tomamos banho, se necessário, e assim nos sentimos melhor e dormimos melhor. Se, em vez disso, formos dormir com a sensação de estarmos sujos e confusos, nosso sono e nossos sonhos serão afetados. Todos nós sabemos disso em relação ao aspecto físico de nossa existência, mas muitas vezes esquecemos como é importante sentir frescor e conexão em nossa mente também. Talvez devêssemos escrever uma frase em nossas escovas de dente: "Quando terminar, lave sua mente."

Você pode trabalhar com a respiração enquanto adormece. Tente respirar igualmente pelas duas narinas. Se a direita estiver bloqueada, deite-se sobre o lado esquerdo e vice-versa. Respire gentilmente e permita que a respiração seja suave e tranquila. Como sugerido anteriormente, expire o estresse e as emoções negativas; inspire a energia pura de cura. Faça essa respiração nove vezes, na postura de meditação ou deitado e, em seguida, concentre-se no A vermelho na garganta. Sinta o A em vez de focar nele, fundindo-se com ele em vez de ficar separado dele.

Ao acordar, se perceber que está se sentindo melhor e mais descansado, alegre-se com seu sucesso. Sinta as bênçãos dos mestres e dos seres iluminados, a satisfação com seus próprios esforços e a felicidade de seguir o caminho espiritual. Essa felicidade incentivará a prática da noite seguinte e ajudará a sustentar e desenvolver a prática continuamente.

Não é incomum ter dificuldade para relaxar ou para sentir compaixão ou amor quando vamos dormir. Se estiver nessa situação, use sua imaginação criativa. Imagine-se deitado em uma praia linda e quente ou caminhando ao ar fresco das montanhas. Traga à mente a lembrança de uma pessoa, uma criança ou um animal de estimação que você ama incondicionalmente e sinta a ternura e a compaixão. Deixe que os cantos de sua boca se ergam em um leve sorriso.

Aprenda a relaxar completamente o corpo e a mente antes de dormir, em vez de simplesmente cair no sono, perdido nas emoções e no estresse do dia. Essas práticas simples podem ser de grande ajuda.

Uma prática simples para a vida toda

O yoga dos sonhos tem sido a prática de toda a vida de muitos praticantes realizados. Eles utilizaram as práticas ensinadas neste livro. Mas, às vezes, as pessoas querem uma prática mais simples, que seja mais universalmente disponível. Nesse caso, recomendo a prática de tomar refúgio interno durante o dia como uma prática informal e antes de dormir, à noite, como parte dos yogas do sonho e do sono.

Como? Ao longo do dia, surgem desafios que podem fazer com que você se sinta agitado, irritado, confuso e ansioso, ou podem fortalecê-lo. Quando se deparar com um desses desafios, seja ele externo ou em sua própria mente, tome refúgio interno por meio das três portas.

Tome refúgio no espaço ilimitado trazendo sua consciência para a quietude do corpo, onde todos os movimentos acontecem. O segundo refúgio é a consciência ilimitada que adentramos por meio do silêncio no qual todos os sons surgem. O terceiro refúgio é o calor autêntico que acessamos por meio da espaciosidade da mente na qual surgem todos os fenômenos mentais.

Há também três lembretes que o convidam para a prática. Eles estão relacionados ao que chamo de corpo de dor, fala de dor e mente de dor. O que são?

O corpo de dor está relacionado à estreiteza da sua identificação com o ego. O ego é doloroso por si só e está ligado ao corpo. Sempre que alguém aperta seus botões, o ofende, o insulta ou demonstra falta de consideração, isso dói. Isso machuca o ego, a identidade. "Você me machucou." Esse "me" ou "eu" é o corpo de dor. Quando sente essa dor, você reage, fica impaciente ou com raiva, inseguro ou magoado.

Quando esse desconforto surgir, receba-o como um lembrete para praticar. Conecte-se imediatamente ao seu corpo. Encontre a quietude dentro de você. Fique presente. Permita que os pensamentos e sentimentos surjam e se dissolvam. À medida que pratica, você permanece mais tempo na quietude e, gradualmente, começa a se sentir mais conectado ao espaço interno. Você encontrou seu refúgio interno. O espaço ilimitado é sua proteção. Ele está além da raiva ou da ansiedade. Descanse aí. Esse é o Buddha dentro de você.

Você percebe o segundo lembrete quando se depara com a fala de dor. Ela se manifesta em sua mente quando a voz de seus pensamentos está agitada, irritada, reclamando, magoada, ansiosa – essa é a fala de dor. Manifesta-se também quando sua fala causa dor: insultando, menosprezando, irritando, ameaçando, zombando ou diminuindo os outros. Isso acontece especialmente com pessoas queridas. Muitas vezes dizemos essas coisas, mas não faríamos isso se estivéssemos totalmente presentes, se não estivéssemos sendo movidos pelo condicionamento. Pratique perceber-se antes de dizer qualquer coisa. No momento em que notar o que está fazendo, você se dá conta da agitação em sua cabeça. Não diga nada disso em voz alta. Deixe de lado a energia perturbada em sua cabeça, em seus pensamentos. Ouça o silêncio por trás de todas as palavras, o silêncio no qual todo som surge, o silêncio interno. Seus pensamentos surgem e se dissolvem no silêncio. Essa é uma porta para o refúgio interno, para a consciência ilimitada, para a luz dentro de você. Descanse nessa consciência. Assim, sua fala de dor o ajuda a encontrar seu refúgio interno.

A terceira porta é por meio da mente de dor. A mente de dor é o que chamo de imaginação do ego angustiado. A mente está enlouquecendo levada pelos pensamentos. A mente está pensando, por exemplo, em machucar alguém ou machucar a si mesma: "Eu gostaria de fazer isso com eles/comigo mesmo!" Pensamentos de vingança, de dar o troco. A mente ensaia o que dirá da próxima vez ou o que gostaria de ter dito da última vez. Ela fica repetindo como foi magoada por alguém, como isso é injusto, como você é infeliz, como a outra pessoa é terrível.

Quando estiver tendo esses pensamentos, reconheça-os como a expressão de sua mente de dor. Deixe que eles sejam um lembrete para adentrar o refúgio interno da mente, a espaciosidade em seu coração. Imediatamente, leve a atenção para o coração e sinta a abertura que há nele. Relaxe o coração, o peito e respire fundo. Quando você sentir a espaciosidade, a mente de dor, por mais enlouquecida que esteja, se dissolverá. Às vezes, isso acontece muito rápido, às vezes, pode demorar um pouco. Às vezes é fácil, às vezes mais difícil, mas dê tempo à prática – a mente de dor acabará se dissolvendo. Quando isso acontecer, descanse na espaciosidade da mente. Familiarize-se mais com ela. Ao final, você poderá descobrir um bem-estar caloroso, uma bem-aventurança que existe naturalmente na espaciosidade da mente-coração. Permanecer nesse calor é o terceiro refúgio. Então, entre nesse refúgio, lembrado pela mente de dor. A porta é a espaciosidade de seu coração, o refúgio é o calor natural. Essa é a prática informal que você deve repetir ao longo do dia.

De maneira bem simples, você toma a experiência dolorosa e a transforma em prática. O desconforto se torna um guia, conduzindo-o ao refúgio interno, à consciência clara e luminosa que é a sua natureza fundamental. Cada vez que você faz essa prática, ela se torna mais fácil e mais profunda. Você sentirá que está se nutrindo. A ignorância nos esgota, mas a consciência nos nutre.

Pratique tantas vezes quanto possível durante o dia. Faça disso um hábito. E pratique antes de dormir. É muito simples. Quando se deitar, se houver alguma perturbação em sua mente ou em seu corpo, utilize-a como um lembrete para retornar ao refúgio interno. Leve a atenção para a quietude em que o corpo se move, para o silêncio subjacente a todos os sons, para o espaço claro da mente onde toda experiência surge e para o calor em seu coração. Se você adormecer assim, seus sonhos serão claros.

Tomar refúgio interno é uma prática para toda a vida. Não se trata de praticar por três ou quatro semanas. Eu faço isso todos os dias.

CAPÍTULO 19

Integração

A prática dos sonhos não visa apenas ao crescimento pessoal ou à produção de experiências interessantes. Ela faz parte do caminho espiritual e, por isso, seus resultados afetam todos os aspectos da vida, transformando a relação do praticante com o mundo.

Trabalhando com as práticas dos sonhos, desenvolvemos presença e qualidades positivas. Nós nos tornamos flexíveis na vida à medida que nos conscientizamos da natureza onírica de nossa vida de vigília. Assim, podemos transformar a vida comum em experiências de compaixão e beleza, incorporando tudo ao caminho.

É quando nossos eus convencionais se dissolvem na consciência clara que nós nos movemos para além da esperança, do medo e do significado, além das discriminações de positivo e negativo, além das tentativas e, até mesmo, para além da prática. A verdade não convencional está além da cura e da necessidade de cura. Quando permanecemos na consciência pura, as negatividades não nos dominam mais. Isso torna mais fácil nos colocarmos à prova: até que ponto estamos livres das reações habituais, até que ponto a presença é vívida, até que ponto não estamos distraídos, com que frequência escolhemos a bondade como nossa resposta aos outros?

A lucidez necessária para progredir até esse ponto é naturalmente trazida para os sonhos noturnos. Quando a lucidez é desenvolvida e estabilizada no sonho, ela se manifesta mais adiante no bardo. Quando permanecemos na consciência lúcida pura no bardo, atingimos a liberação.

Se você realizar a prática dos sonhos sem interrupção, os resultados se manifestarão em todas as dimensões da vida. O resultado da realização plena da prática é a liberação, mas, ao longo do caminho, a prática amplia a compaixão e a bondade em nós, tornando a vida mais vívida, cheia de beleza e prazer. Se a prática não estiver modificando a qualidade de sua experiência de vida, se você não estiver mais relaxado, com menos tensão e menos distração, se continuar se perturbando facilmente com outras pessoas e situações, investigue os obstáculos e aplique a prática para dissolvê-los. Se possível, consulte um professor. Se não perceber nenhum progresso no caminho, é melhor fortalecer sua intenção. Quando surgirem sinais de progresso, receba-os com alegria e permita que eles fortaleçam sua intenção. Não fique desanimado se o progresso for lento. Com compreensão e prática, ele certamente virá.

Capítulo 20

Descrição resumida das práticas de yoga dos sonhos

Neste capítulo, resumiremos toda a prática do yoga dos sonhos. Para obter instruções detalhadas sobre cada etapa, você pode consultar as páginas com as referências fornecidas.

Zhiné (página 113)

Se você tiver tempo, pratique o calmo permanecer (zhiné) durante o dia. Foque em um objeto e concentre-se. O objeto pode ser a respiração, um objeto visual, sons ou sensações. Até mesmo alguns poucos minutos de prática, se feita regularmente e com frequência, fortalece a concentração e ajuda a acalmar e focar a mente. Isso beneficia todas as outras práticas.

As quatro práticas de fundação

Modificar as marcas kármicas (página 121)

Tente manter a consciência vívida do momento presente, de toda a experiência sensorial e mental. Pratique durante todo o dia ou opte por praticar intensamente por períodos curtos: um ou dois minutos em sua mesa de trabalho, o tempo que leva para caminhar um quarteirão ou enquanto lava a louça. Determine-se a fazer a prática dez ou vinte vezes por dia, quantas vezes puder. Faça disso um hábito.

Você se distrairá várias e várias vezes. Assim que perceber, retome a consciência, mesmo que seja por apenas alguns segundos. Tente experienciar tudo – objetos dos sentidos, pessoas, emoções, seu corpo, eventos mentais – mantendo a consciência vívida e aberta. Imagine que está em um sonho lúcido, lembrando-se frequentemente de que "isto é um sonho". Quando fizer isso, não repita a frase apenas: intensifique a luminosidade de sua consciência e concentre-se no momento presente. Isso é um sonho? Utilize seu corpo e seus sentidos para se tornar mais presente. A experiência se tornará mais vívida e onírica à medida que você se tornar lúcido no sonho durante o dia. Com consistência na prática, você repousará na consciência aberta com mais frequência e por períodos mais longos.

Eliminar apego e aversão (página 124)

Reconheça tudo o que encontrar e suas reações ao que encontrar como fenômenos luminosos de um sonho.

Ao longo do dia, quando perceber uma reação negativa a pessoas, situações ou a seus próprios pensamentos, reconheça a oportunidade de praticar. Relaxe imediatamente o corpo e concentre-se em uma consciência clara. Observe a situação externa e o que surge em sua mente e em seu corpo. Lembre-se de que o que você vivencia é um sonho, suas reações fazem parte do sonho, seu apego e aversão são ações no sonho. Reconheça isso com um grau de convicção forte o suficiente para deixar uma marca em sua mente. Torne-se lúcido.

Aprofunde a prática desenvolvendo flexibilidade. Abandone as respostas habituais: permaneça aberto, atento e escolha responder positivamente e com bondade. Isso diminuirá o poder do apego e da aversão. Você poderá se assegurar de que está praticando corretamente se, logo depois de ver sua reação como um sonho, o desejo e o apego diminuírem.

Fortalecer a intenção (página 126)

Antes de dormir, revise o dia e a prática do dia. Enquanto se mantém centrado na consciência clara, deixe que as lembranças do dia surjam, especialmente os momentos difíceis aos quais você tenha reagido. Reconheça esses eventos e suas reações como lembranças de sonhos. Como nas duas primeiras práticas, tente realmente compreender e sentir a natureza onírica de sua experiência diurna.

Desenvolva uma forte intenção de ter consciência dos sonhos da noite seguinte. Coloque seu coração nessa intenção. Faça uma prece intensa para obter sucesso ou utilize afirmações para fortalecer sua intenção: "Que eu tenha um bom sono. Que eu tenha sonhos claros e me lembre deles. Que eu tenha sonhos lúcidos. Que eu pratique a transformação em meus sonhos."

Cultivar a memória e o empenho alegre (página 128)

Nos primeiros momentos ao acordar, reveja a noite. Você se lembra de seus sonhos? Você estava lúcido no sonho? Registre seus sonhos em um diário de sonhos enquanto eles estiverem frescos em sua memória. Se tiver tido algum sucesso, se tiver se lembrado de um sonho ou ficado lúcido, permita-se sentir a alegria disso. Sempre comemore qualquer sucesso em sua prática.

Se a prática não tiver sido boa, não se sinta desanimado ou desapontado; faz parte do caminho. Em vez disso, comece o dia com a forte intenção de manter a prática de fundação durante o dia, reforce a intenção de ficar lúcido na próxima vez que dormir, caso não tenha ficado, e de desenvolver ainda mais lucidez, caso tenha ficado lúcido. Em seguida, inicie as práticas diurnas de fundação.

Preparação para a noite

Nove respirações de purificação (página 133)

Sente-se na postura de meditação antes de se deitar para dormir e faça as nove respirações de purificação.

Guru yoga (página 137)

Pratique guru yoga. Gere forte devoção; reze para os objetos de refúgio, pedindo bênçãos, orientação e sucesso na prática desta noite. Em seguida, funda sua mente com a mente do mestre, o mestre supremo, a consciência primordial, sua verdadeira natureza.

Proteção (página 141)

Deite-se confortavelmente na postura correta. Use sua imaginação para transformar o quarto em um ambiente protegido e sagrado. Respire suavemente e relaxe o corpo. Acalme a mente. Deixe de lado histórias, fantasias, preocupações e planos. Gere uma forte intenção de ter sonhos vívidos e claros, de lembrar-se de seus sonhos e de reconhecer o sonho como um sonho enquanto estiver sonhando.

A prática principal

Trazer a consciência para o canal central (página 145)

Deite-se sobre o lado direito e acalme a respiração. Conecte-se com a consciência clara e aberta. Relaxe o corpo. Relaxe especialmente a garganta. Leve a atenção para o chakra da garganta. Visualize / imagine / sinta as quatro pétalas de lótus vermelhas e luminosas nesse local. No centro das pétalas está a letra A tibetana translúcida e luminosa tingida de vermelho pelas pétalas. Gere e sinta a experiência de paz. Funda-se com a paz. Gradualmente, deixe de lado as imagens e imaginações e permita-se adormecer em paz.

Se você acordar por qualquer motivo durante a noite, dirija sua atenção de volta para o chakra. Visualize/imagine suavemente as pétalas e a letra A; funda-se novamente com a paz enquanto volta a dormir.

Se ficar lúcido em um sonho, pratique a transformação do sonho, do seu corpo e da sua identidade de sonho.

A prática informal

A PRÁTICA INFORMAL é realizada diariamente, juntamente com as práticas de fundação.

Ao longo do dia, sempre que tiver algum tempo, especialmente quando se sentir ansioso, agitado ou emotivo, concentre a atenção clara e aberta no chakra da garganta. Relaxe totalmente a garganta. Imagine delicadamente as pétalas de lótus e o A. Respire fundo, relaxe o corpo e acalme a mente. Solte. Sinta a paz se espalhar pelo seu corpo. Isso leva apenas alguns instantes. Com o tempo, você se dará conta da paz que surge naturalmente ao colocar sua consciência no chakra da garganta. Repita essa prática informal no decorrer do dia.

Depois de obter os resultados da primeira prática principal e, quando estiver pronto, passe para a segunda.

Aumentar a luminosidade (página 148)

Após as práticas de preparação, deite-se sobre seu lado direito na postura do leão, como na primeira prática. Pratique a respiração sete vezes. Relaxe o corpo e respire suavemente. Leve a consciência clara e aberta para o chakra da testa, atrás do ponto em que as sobrancelhas se encontram. Visualize/imagine/sinta o tiglé nesse local, branco e luminoso. Sinta-o. Perceba apenas a claridade e a luminosidade ao se fundir com ele. Permita que a luz branca dissolva tudo. Adormeça nessa experiência.

Se você acordar por qualquer motivo durante a noite, repita a visualização com suavidade, imagine o tiglé e funda-se com a luminosidade enquanto adormece novamente.

Se ficar lúcido durante o sonho, pratique a transformação.

A PRÁTICA INFORMAL - Ao longo do dia, sempre que tiver oportunidade e, principalmente, se estiver se sentindo paralisado, bloqueado, perdido ou desanimado, leve a consciência clara e aberta para o chakra da testa dentro da cabeça. Visualize / imagine / sinta levemente o tiglé branco. Imagine a luminosidade se expandindo, preenchendo sua cabeça. Sinta a natural abertura, a expansão, o aumento da luminosidade e a vivacidade da consciência. Repita a prática várias vezes durante o dia.

Lembre-se de gerar e fortalecer sua intenção da maneira que achar mais eficaz.

Depois de obter resultados da segunda prática principal e, quando estiver pronto, passe para a terceira.

Fortalecer a presença (página 151)

Depois de completar os preparativos para a noite, deite-se de costas com um travesseiro alto sob a cabeça, a parte superior das costas e os ombros. O uso de um travesseiro alto pode ajudar a manter o sono leve e gerar mais lucidez nos sonhos, mas se for desconfortável, não vai ajudar. Evite uma posição incômoda no pescoço; ajuste a posição do travesseiro e a postura como for necessário para se sentir confortável. Cruze as pernas relaxadamente. Ao contrário da postura de meditação, as pernas podem ser cruzadas na altura do tornozelo ou da canela, o que for mais confortável. Não importa qual perna fica por cima.

Conecte-se com a consciência aberta. Leve a atenção para o chakra cardíaco, na altura do coração, no centro do peito, dentro do corpo. Visualize / imagine / sinta nesse local um HUNG preto e luminoso. Ele representa a força da consciência aberta, o poder de permanecer presente sem se perder. É o símbolo da consciência não-condicionada e não-dual. Gere a experiência de quietude e de espaciosidade da consciência e sinta sua força, o poder de permanecer presente, de não se perder. Concentre-se no HUNG preto no chakra do coração. Respire de forma completa, profunda e suave vinte e uma vezes. Funda-se com o HUNG negro e adormeça.

Se você acordar por qualquer motivo durante a noite, tome consciência do chakra do coração. Faça a visualização com leveza novamente; imagine o HIUNG; funda-se com a sensação de força e segurança, com a estabilidade da consciência clara. Deixe-se levar pelo sono. Se ficar lúcido em seus sonhos, pratique a transformação.

A PRÁTICA INFORMAL - Quando tiver um tempo, especialmente quando se sentir perdido, indeciso, distraído ou enredado nas histórias na sua cabeça, leve a consciência clara e aberta para o centro do coração. Sinta o espaço que existe nesse local. Seja a consciência aberta. Sinta a força surgir naturalmente, a estabilidade de estar consciente do momento presente. Fortaleça sua intenção de se aprofundar na prática da maneira que você tenha achado eficaz.

Depois de sentir os resultados da terceira prática principal e, quando estiver pronto, passe para a quarta.

Desenvolver o destemor (página 154)

Após as práticas preparatórias, inicie a quarta prática. Não há nenhuma postura específica a ser adotada. Não há nenhuma maneira específica de respirar, exceto manter a respiração suave. Traga a atenção aberta para um tiglé negro, uma esfera luminosa de luz negra, no chakra secreto dentro do corpo. Esse chakra fica atrás dos órgãos genitais, cerca de quatro dedos abaixo do umbigo. O tiglé representa o destemor que surge naturalmente quando você descansa a mente em uma consciência aberta e não-dual. Funda-se com o tiglé. Torne-se a consciência lúcida. Solte. Adormeça suavemente. Quando estiver lúcido nos sonhos, pratique as transformações e dissolva os limites.

A cada despertar, tente estar presente e permanecer em prática. De manhã, fique presente imediatamente. Reveja a noite e registre seus sonhos. Gere a intenção de continuar com a prática durante o dia.

A PRÁTICA INFORMAL - Ao longo do dia, quando você tiver algum tempo, leve a atenção de forma clara e aberta para o chakra secreto, especialmente em momentos de ansiedade, preocupação ou medo. Visualize / imagine / sinta o tiglé negro. Se puder experienciá-lo, gere destemor e sinta a estabilidade de relaxar em consciência aberta, mesmo que seja apenas por alguns segundos.

O ponto mais importante das preparações, das práticas de fundação e das práticas principais é manter a consciência clara, permanecer na presença da forma mais consistente possível, tanto durante o dia quanto à noite. Essa é a prática essencial tanto do yoga dos sonhos quanto do yoga do sono.

Parte Quatro

Sono

Os capítulos desta seção pressupõem que o leitor tenha alguma familiaridade com a terminologia tântrica básica. Diferentemente do material anterior sobre yoga dos sonhos, os ensinamentos sobre yoga do sono são voltados principalmente àqueles que já são praticantes tântricos ou Dzogchen e àqueles com experiência sólida em yoga dos sonhos.

Capítulo 21

O sono e o adormecer

O processo normal do sono ocorre quando a consciência se retrai dos sentidos e a mente se perde em distração. As imagens mentais e os pensamentos vão se desvanecendo até que a mente se dissolve na escuridão. Permanecemos inconscientes até o surgimento dos sonhos. Quando o sonho começa, o senso de eu se reconstitui por meio da relação dualística com as imagens dos sonhos até o próximo período de inconsciência. Períodos alternados de inconsciência e sonho compõem uma noite normal de sono.

Para nós, o sono é escuro. Estamos conscientes nos sonhos porque a mente em movimento está ativa, dando origem a um ego onírico com o qual nos identificamos. No sono, entretanto, o eu subjetivo não surge e não formamos memórias. Ficamos inconscientes.

Embora a falta de consciência defina o sono para nós, escuridão e ausência de experiência não são a essência do sono. No estado desperto puro, que é a nossa base, não há sono. Se formos capazes de permanecer em rigpa e não no sono de ignorância, teremos a experiência de luminosidade, tranquilidade e bem-aventurança. Quando desenvolvemos a capacidade de permanecer nesse estado desperto, descobrimos que o sono é luminoso. Essa luminosidade é a clara luz. Essa é a nossa verdadeira natureza.

Conforme explicado em capítulos anteriores, os sonhos surgem de marcas kármicas. O yoga dos sonhos desenvolve a lucidez em relação às imagens do sonho, mas no yoga do sono não há imagens. A prática é o reconhecimento direto da consciência pela consciência, a luz iluminando a si mesma. Posteriormente, quando a estabilidade na clara luz estiver desenvolvida, nem mesmo as imagens dos sonhos distrairão o praticante, e o período de sonho também ocorrerá na clara luz. Esses sonhos são, dessa forma, chamados de sonhos de clara luz, que são diferentes dos sonhos de claridade. Nos sonhos de clara luz, a clara luz não é obscurecida.

Nós perdemos o verdadeiro significado da clara luz tão logo a conceitualizamos ou tentamos imaginá-la. Não há nem sujeito nem objeto na clara luz. Se houver qualquer identificação com um sujeito, não será possível acessar a clara luz. Na verdade, nada "acessa" a clara luz: é a base reconhecendo a si mesma. Não existe nem "você" nem "aquilo". Usar uma linguagem dualística para descrever o não-dual resulta necessariamente em um paradoxo. A única maneira de conhecer a clara luz é conhecê-la diretamente.

Capítulo 22

Três tipos de sono

Sono de ignorância

O sono profundo é o sono de ignorância. Não importa quantas noites durmamos, todas as noites, por trinta ou noventa anos, nós não conseguimos parar de dormir. Ele é necessário para nós como seres samsáricos; ele nos sustenta. Essa escuridão é a "grande ignorância" porque é incomensurável.

Nós experienciamos o sono de ignorância como um vazio ou um espaço em branco onde não há a percepção de um eu, não há consciência e não se formam memórias. Pense em um dia longo e cansativo, em um tempo chuvoso, em um jantar pesado e no sono que resulta disso, no qual não há clareza nem senso de identidade. Nós desaparecemos. Uma das manifestações da ignorância na mente é a sonolência mental que nos leva a essa dissolução na inconsciência.

A ignorância intrínseca é a principal causa do sono. As causas e condições secundárias necessárias para sua manifestação estão ligadas ao corpo e ao cansaço do corpo.

Sono samsárico

O segundo tipo de sono é o sono samsárico, o sono de sonhos. Esse tipo de sono é chamado de "grande ilusão" porque parece não ter fim.

O sono samsárico é como dar um passeio no centro de uma grande cidade, onde todos os tipos de coisas acontecem: as pessoas se abraçam, brigam, conversam e se abandonam; há fome e riqueza; as pessoas administram negócios e roubam; há lugares bonitos, feios e assustadores. Manifestações dos seis reinos podem ser encontradas em qualquer cidade, e o sono samsárico é a cidade dos sonhos, um reino ilimitado de atividades mentais geradas pelas marcas kármicas de ações passadas. Ao contrário do sono de ignorância, no qual a mente grosseira ativa quase cessa, o sono samsárico exige a participação da mente ativa.

Enquanto o corpo nos chama para o sono de ignorância, a atividade emocional é a principal causa dos sonhos. As causas secundárias são ações baseadas em apego ou aversão.

Sono de clara luz

O terceiro tipo de sono, que é realizado por meio do yoga do sono, é o sono de clara luz. Também é chamado de "sono de claridade". Ocorre quando o corpo está adormecido, mas o praticante não se perde na escuridão nem nos sonhos, mas, em vez disso, permanece no estado desperto puro.

A clara luz é definida, na maioria dos textos, como a união entre vacuidade e luminosidade. É a lucidez pura e vazia que constitui a base do indivíduo. "Clara" refere-se à vacuidade, à mãe, à base, kun-zhi. "Luz" refere-se à luminosidade, o filho, rigpa, a consciência intrínseca pura. A clara luz é a realização direta da união de rigpa e da base, da lucidez e da vacuidade.

A ignorância é comparada a um quarto escuro no qual você está dormindo. A lucidez é uma lâmpada. Não importa há quanto tempo o quarto esteja escuro – uma hora ou um milhão de anos – no momento em que a lâmpada da lucidez se acende, o quarto inteiro se torna luminoso. Há um buddha na chama, o dharmakaya. Você é essa luminosidade. Você é a clara luz; ela não é um objeto de sua experiência ou um estado mental. Quando a lucidez luminosa na escuridão é bem-aventurada, clara, imóvel, sem referencial, sem julgamento, sem centro ou circunferência, essa é a clara luz.

Quando o pensamento é percebido na lucidez sem apego nem aversão, ele se dissolve. Quando o pensamento – o objeto da lucidez – se dissolve, o observador ou o sujeito também se dissolve. De certa forma, o objeto se dissolve na base e, quando o sujeito se dissolve, ele se dissolve em rigpa. Esse é um exemplo que pode ser arriscado pois pode-se pensar que há duas coisas, a base e rigpa; isso seria um equívoco. Elas são tão inseparáveis quanto a água e a umidade. São descritos como dois aspectos da mesma coisa para nos ajudar a entender, para relacionar os ensinamentos à aparente dicotomia de sujeito e objeto. Mas a verdade é que nunca há um objeto separado de um sujeito; há apenas uma ilusão de separação.

Capítulo 23

A prática do sono e a prática do sonho

A diferença entre a prática do sonho e do sono é semelhante à que existe entre a prática do calmo permanecer (zhiné) quando se usa um objeto e quando não há objeto. Da mesma forma, na prática tântrica, o yoga dos sonhos é usada para gerar o corpo divino da deidade meditativa (yidam), que ainda está no reino do sujeito e do objeto, ao passo que o yoga do sono desenvolve a mente da deidade, que é a consciência clara. Em certo sentido, a prática do sonho é uma prática secundária no Dzogchen porque ainda está trabalhando com visão e imagens; na prática do sono, não há nem sujeito nem objeto, mas apenas a consciência pura, rigpa.

Quando o aluno é apresentado à prática Dzogchen, as práticas com atributos geralmente são ensinadas primeiro. Somente após desenvolver alguma estabilidade é que se começa a praticar sem atributos. Isso ocorre porque o estilo dominante de nossa consciência tem a ver com os objetos do sujeito com o qual estamos identificados. Como estamos constantemente identificados com a atividade da mente em movimento, no início, nossa prática precisa fornecer algo para a mente se apoiar. Se nos disserem "Seja apenas a consciência vazia", a mente em movimento não conseguirá entender isso porque não há nada em que se fixar. Ela tenta criar uma imagem da vacuidade para se identificar, mas essa não é a prática. Porém, se dissermos que algo deve ser visualizado e depois dissolvido e assim por diante, a mente em movimento se sentirá confortável porque há algo para fazer. Usamos a mente conceitual e os objetos de consciência para conduzir a mente à consciência sem atributos, que é para onde a prática deve seguir.

Por exemplo, se disserem para imaginar o corpo se dissolvendo – isso não parece difícil de ser visualizado. Após a dissolução, há um momento em que não há nada para agarrar. Isso propicia a situação na qual o praticante preparado pode reconhecer rigpa. É semelhante à contagem regressiva de dez – dez, nove, oito – até chegar a zero. Não há nada para se agarrar no zero, é o tiglé do espaço vazio, mas o movimento nos leva até lá. A contagem regressiva para a vacuidade é semelhante ao uso da prática com atributos para nos levar à vacuidade da prática sem atributos.

A prática do sono, na verdade, não tem forma, portanto, não há nada em que se concentrar. A prática e o objetivo são o mesmo: permanecer na união inseparável de luminosidade e vacuidade, além da separação entre aquele que percebe e o que é percebido. Não há qualidades, nem para cima nem para baixo, nem dentro nem fora, nem no topo nem na base, nem tempo e nem limites. Não existe nenhum tipo de distinção. Como não há nenhum objeto para a mente agarrar, como acontece nos sonhos, o yoga do sono é mais difícil do que o yoga dos sonhos. Tornar-se lúcido em um sonho significa que o sonho é reconhecido; ele é o objeto da consciência. Mas na prática do sono, o reconhecimento não é de um objeto por um sujeito, mas a realização não dual da consciência pura, a clara luz, pela própria consciência. A consciência sensorial não está operando, portanto a mente que se baseia na experiência sensorial não está funcionando. A clara luz é como ver sem olhos, sem um objeto ou sem alguém que vê.

Isso é análogo ao que ocorre na morte: é mais difícil atingir a liberação no primeiro bardo, o bardo primordialmente puro (*kadag*), do que no bardo subsequente, o bardo da clara luz (*od-sal*), no qual surgem as imagens. Na hora da morte, há um momento de dissolução total da experiência subjetiva antes do surgimento das visões do bardo. Nesse momento, não existe um eu subjetivo, assim como a experiência cotidiana termina com a dissolução do sono. Nós desaparecemos. Então, os sonhos surgem durante o sono ou as imagens surgem no bardo e, à medida que são percebidas, a força das tendências kármicas cria a sensação de um eu vivo experienciando os objetos da percepção. Presos novamente no dualismo, continuamos no sonho samsárico se estivermos dormindo ou continuamos em direção ao renascimento se estivermos no bardo.

Você deve decidir por si mesmo qual dessas práticas é a mais adequada. Os ensinamentos do Dzogchen sempre enfatizam a importância de conhecer a si mesmo, de reconhecer suas capacidades e obstáculos e de usar esse conhecimento para praticar da maneira que for mais benéfica. Dito isso, são poucas as pessoas para as quais a prática do sono será mais fácil do que a prática dos sonhos, por isso recomendo começar com a prática dos sonhos. Se sua mente ainda estiver se fixando a objetos, faz sentido começar com o yoga dos sonhos, na qual a mente pode se fixar no próprio sonho. Depois de desenvolver estabilidade em rigpa, a prática do sono pode ser mais fácil de ser realizada porque há uma forte experiência de não se apegar, de não ser um sujeito, que é a situação no sono. Outro motivo pelo qual recomendo começar com o yoga dos sonhos é que pode levar muitos anos para que um praticante se torne lúcido durante o sono. Praticar por muito tempo sem resultados aparentes pode gerar desânimo, o que pode se tornar um obstáculo no caminho. Quando se adquire alguma experiência em qualquer um dos yogas, isso ajuda a prosseguir e fortalecer a prática.

Do ponto de vista último, um yoga leva à outro. Quando a prática dos sonhos for plenamente realizada, rigpa se manifestará nos sonhos. Isso leva a muitos sonhos de claridade e, finalmente, à dissolução dos sonhos na clara luz. Esse também é o fruto da prática do sono. Por outro lado, quando há progresso no yoga do sono, os sonhos se tornarão naturalmente lúcidos e os sonhos de claridade surgirão espontaneamente. Os sonhos lúcidos podem então ser usados para desenvolver a flexibilidade da mente, conforme descrito anteriormente. O sucesso final em qualquer uma das práticas requer que a presença pura de rigpa seja reconhecida e estabilizada durante o dia.

Parte Cinco

A prática do yoga do sono

CAPÍTULO 24

A dakini Seljé Dö Drelma

O *Tantra Mãe* ensina que a dakini é a protetora e guardiã do sono sagrado. É importante estabelecer uma conexão com sua essência, que também é a natureza da prática, para que ela possa guiar e abençoar a transição do sono não lúcido para o sono lúcido. Seu nome é Seljé Dö Drelma (gSal byed gdos bral ma). Seu nome se traduz como "Aquela que Clarifica Além da Concepção". Ela é a luminosidade oculta na escuridão do sono comum.

Na prática do sono propriamente dita, ela não tem forma, mas quando estamos adormecendo, ela é visualizada como uma esfera brilhante de luz, um tiglé. Visualizamos a luz, em vez de uma forma como as sílabas usadas no yoga dos sonhos porque estamos trabalhando no nível de energia, que está além da forma. Buscamos dissolver todas as distinções, como dentro e fora, eu e outro. Ao visualizar uma forma, a mente tem o hábito de pensar nessa forma como algo diferente dela mesma, mas precisamos ir além do dualismo. A dakini é a representação da clara luz. Ela é o que já somos em nosso estado puro: clara e luminosa. Na prática do sono, nós nos tornamos a dakini.

Quando desenvolvemos uma relação com Seljé Dö Drelma, nós nos conectamos com nossa natureza mais profunda. Podemos ampliar essa conexão nos lembrando dela o maior número de vezes possível. Durante o dia, podemos visualizá-la na forma sambhogakaya: branca, pura, luminosa e bela. Seu corpo translúcido é totalmente feito de luz. Em sua mão direita, ela segura uma faca curva e, em sua mão esquerda, uma taça feita com o topo de um crânio. Ela permanece no centro do coração, sentada em um disco de lua branco sobre um disco de sol dourado que, por sua vez, está sobre um belo lótus azul de quatro pétalas. Como na prática de guru yoga, imagine-se dissolvendo-se nela e ela em você, misturando suas essências até que se tornem uma só.

Onde quer que esteja, ela está com você, residindo em seu coração. Quando comer, ofereça-lhe alimento. Quando beber, ofereça a ela sua bebida. Você pode conversar com ela. Se estiver em um espaço em que possa ouvir, deixe-a falar com você. Isso não significa que deva enlouquecer, mas você pode usar sua imaginação. Se você já leu livros sobre o dharma e ouviu palestras sobre esses temas, imagine que ela lhe dá ensinamentos que você já conhece. Permita que ela lembre você de permanecer presente, de se livrar da ignorância, de agir com compaixão, de estar atento e de resistir às distrações. Seu professor ou amigos podem não estar sempre disponíveis, mas a dakini está. Faça dela sua companheira constante e a guia de sua prática. Você perceberá que, por fim, a comunicação começará a parecer real; ela corporificará sua própria compreensão do dharma e a refletirá de volta para você. Quando se lembrar da presença dela, a sala em que estiver parecerá mais luminosa e sua mente ficará mais lúcida; ela ensina que a luminosidade e a lucidez que você experiencia são a clara luz que você é. Treine para que até mesmo os sentimentos de desconexão e o surgimento de emoções negativas o façam lembrar dela automaticamente; assim, a confusão e as armadilhas emocionais servirão para trazê-lo de volta à lucidez, como o sino de um templo que marca o início da prática.

Se essa relação com a dakini parecer muito estranha ou fantasiosa, talvez você queira psicologizá-la. Não tem problema. Você pode pensar nela como um ser separado ou como um símbolo que você usa para guiar sua intenção e sua mente. Em ambos os casos, a devoção e a consistência são recursos poderosos na jornada espiritual. Você também pode fazer essa prática com seu yidam, se fizer prática de yidam ou de qualquer deidade ou ser iluminado; são seus esforços que fazem a diferença em sua prática, não a forma. Mas também é bom reconhecer que Seljé Dö Drelma está especialmente associada a essa prática no Tantra Mãe. Há uma longa história de praticantes que trabalham com sua forma e energia, e estabelecer uma conexão com o poder da linhagem pode ser um grande apoio.

A imaginação é muito poderosa, forte o suficiente para prender uma pessoa aos sofrimentos do samsara por toda uma vida e forte o suficiente para fazer com que o diálogo com a dakini seja significativo. Muitas vezes, os praticantes agem em relação ao dharma como se ele fosse rígido, mas não é. O dharma é flexível e a mente também deve ser. É sua responsabilidade descobrir como utilizar o dharma para apoiar sua realização. Em vez de imaginar como será o dia de amanhã, a briga que teve com o chefe ou a noite que terá com seu parceiro, pode ser mais proveitoso criar a presença dessa dakini luminosa que corporifica o objetivo mais elevado da prática. O importante é desenvolver a intenção poderosa necessária para realizar a prática e um relacionamento forte com sua verdadeira natureza, representada pela dakini. Sempre que possível, reze para ela pedindo o sono de clara luz. Sua intenção será fortalecida a cada vez que fizer isso.

Essencialmente, você deve se unir à dakini, o que não significa assumir sua forma como na prática tântrica. Significa permanecer na natureza da mente, sendo rigpa a cada momento. Permanecer no estado natural é a melhor preliminar e a melhor prática.

Seljé Dö Drelma

Capítulo 25

Prática preliminar

O estresse e a tensão que forem levados para a cama o acompanharão durante o sono. Portanto, se possível, conduza a mente a rigpa. Se não for possível, conduza a mente para o corpo, para o canal central, para o coração. As práticas preliminares recomendadas para o yoga dos sonhos também se aplicam ao yoga do sono. Tome refúgio no lama, no yidam e na dakini, ou faça as nove respirações de purificação e guru yoga. Pelo menos, use a mente para favorecer a devoção e a prática gerando compaixão, por exemplo. Qualquer pessoa pode fazer isso. Reze também para ter um sono de clara luz. Se você tiver outras práticas que normalmente faz antes de dormir, continue a fazê-las.

Uma pequena luz acesa durante a noite mantém a mente um pouco desperta. A sensação de dormir com uma luz acesa é diferente, e essa diferença pode ser usada para ajudar a manter a lucidez. Não é seguro ter uma lareira ou vela acesa enquanto você dorme. Velas ou lamparinas a bateria, recomendadas anteriormente no livro, são mais adequadas; ou uma lâmpada pequena e fraca. A luz não só ajuda a manter o estado de alerta, como também representa a dakini Seljé Dö Drelma. A claridade e a luminosidade da lâmpada estão mais próximas da essência dela do que qualquer outro fenômeno no mundo da forma. Quando a luz estiver acesa, imagine que a luminosidade do ambiente é a dakini envolvendo você com sua essência. Deixe que a luz externa conecte você à luz interna, à luminosidade que é sua natureza fundamental.

Outra prática preliminar é ficar sem dormir por uma ou mais noites. Isso esgota a mente convencional. Tradicionalmente, isso é feito por um praticante quando o professor está por perto. Após o período sem dormir, quando o praticante finalmente dorme, o mestre o acorda periodicamente durante a noite e faz perguntas: "Você estava lúcido? Você sonhou? Você caiu no sono de ignorância?"

Se quiser tentar isso, combine com um praticante experiente em quem você confie. Peça ao praticante que o acorde três vezes durante a noite e faça as perguntas acima. Após cada despertar, faça a prática que será explicada no próximo capítulo e volte a dormir. Algumas vezes, a mente convencional pode se esgotar tanto que acaba ficando bem quieta. Assim, é mais fácil perceber-se na clara luz. Após essa noite sem dormir, é útil receber uma massagem, se possível, para relaxar o corpo e abrir os canais.

Capítulo 26

Prática do sono

Devem ser programadas quatro sessões de prática do sono para os períodos em que estiver acordado durante a noite, como na prática dos sonhos. No entanto, no yoga do sono, todas as quatro sessões são iguais. Se acordar quatro vezes por noite for muito perturbador, simplesmente retome a prática sempre que acordar, mesmo que seja apenas por um instante, ou programe um único despertar à noite.

Deite-se na posição do leão sobre o lado direito, conforme explicado nos capítulos sobre a prática dos sonhos. Visualize um lótus de quatro pétalas azuis no centro do coração. No centro das pétalas está a dakini Seljé Dö Drelma, visualizada em sua essência como uma esfera luminosa e clara de pura luz, um tiglé tão transparente quanto um cristal perfeito. O tiglé, claro e incolor, reflete o azul das pétalas e se torna azul claro radiante. Funda sua presença totalmente com o tiglé luminoso até o ponto em que você se torna uma luz azul luminosa.

Em cada uma das quatro pétalas azuis há um tiglé, totalizando cinco com o central. Na frente, há um tiglé amarelo, representando o leste. À esquerda, está o tiglé verde do norte. Atrás está o tiglé vermelho do oeste e, à direita, o tiglé azul do sul. Os tiglés representam quatro dakinis visualizadas em sua essência luminosa, a luz colorida. Não visualize suas formas como algo diferente de esferas de luminosidade. Os quatro tiglés são como o séquito de Seljé Dö Drelma.

Desenvolva a sensação de estar envolvido pela proteção das dakinis; tente realmente sentir essa presença amorosa até que se sinta seguro e relaxado. Reze para as dakinis para que você tenha o sono de clara luz em vez de sonhos ou o sono de ignorância. Faça sua prece com intensidade e devoção e reze repetidamente. A prece fortalecerá a devoção e a intenção. Nunca é demais enfatizar que a intenção firme é a base da prática. O desenvolvimento da devoção ajudará a tornar a intenção unifocada e poderosa o suficiente para penetrar as nuvens de ignorância que mascaram a luminosidade da clara luz.

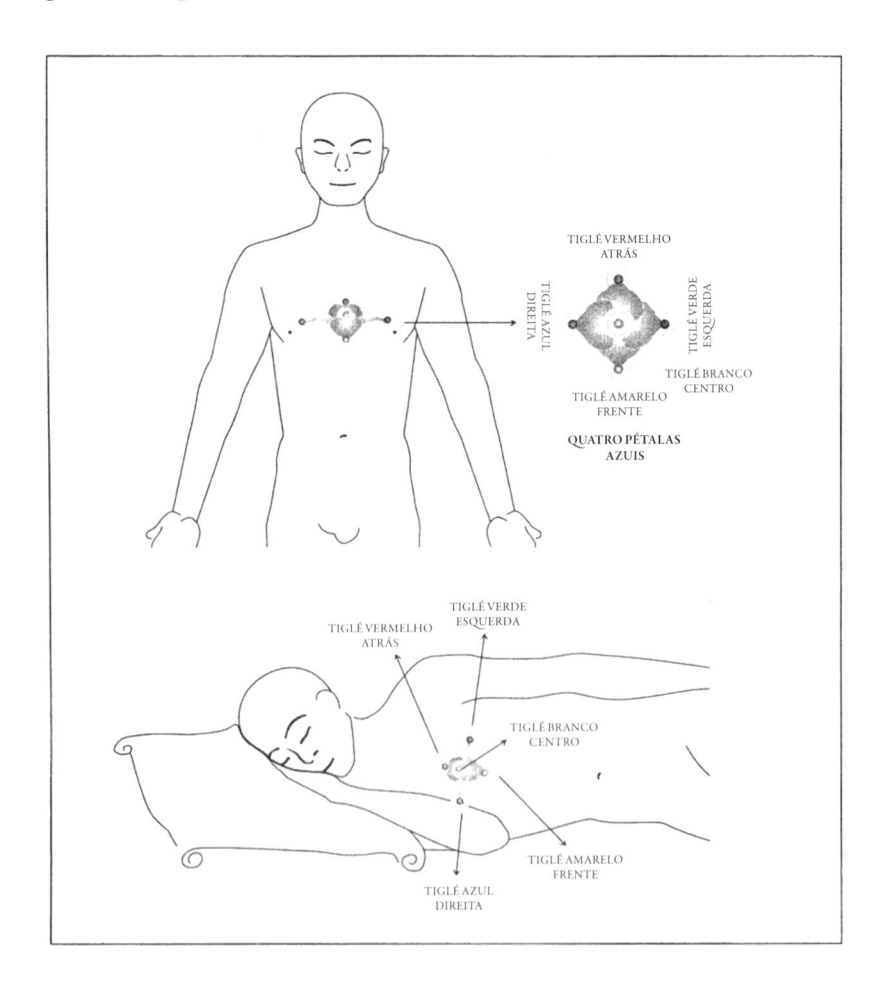

Adentrando o sono

Embora a experiência de adormecer seja contínua, ela está dividida em cinco estágios para ajudar a trazer consciência ao processo. Na tabela abaixo, a coluna da esquerda lista uma desconexão progressiva dos sentidos e dos objetos dos sentidos até que haja uma total "ausência de visão", que aqui significa uma completa ausência de experiência sensorial.

Estágios da cessação do engajamento sensorial

Experiência Sensorial	Tiglé		
	Cor	Direção	Localização
Visão	Amarela	Leste	Frente
Visão reduzida	Verde	Norte	Esquerda
Visão em declínio	Vermelha	Oeste	Atrás
Visão em cessação	Azul	Sul	Direita
Visão ausente	Azul claro	Centro	Centro

Normalmente, a identidade é dependente do mundo dos sentidos. Como esse mundo desaparece durante o sono, o suporte para a consciência entra em colapso e o resultado é "adormecer", o que significa que nos tornamos inconscientes. O yoga do sono usa os tiglés para apoiar a consciência à medida que o contato com o mundo externo é perdido. Conforme acontece a dissolução progressiva da experiência sensorial, o praticante se conecta aos cinco tiglés em sequência até que, quando o mundo externo desaparece completamente, o indivíduo se dissolve na pura luminosidade da clara luz. A passagem de um tiglé para outro deve ser o mais suave possível, de acordo com o movimento contínuo e ininterrupto em direção ao sono.

Visão. Depois que você se deita na posição adequada, a experiência sensorial continua completa: você vê com os olhos, ouve, sente a cama e assim por diante. Esse é o momento da visão. O eu convencional se apoia na experiência sensorial. Comece a mudar esse apoio para a consciência pura que os tiglés representam. O primeiro passo é fundir sua consciência com o tiglé à frente, uma luz amarela bela e quente na qual a mente conceitual pode começar a se dissolver.

Visão reduzida. Quando os olhos se fecham, o contato com o mundo sensorial começa a diminuir. Esse é o segundo ponto, onde a visão diminui. À medida que o apoio externo se perde, mude a consciência para o tiglé verde à esquerda. Permita que a identidade comece a se dissolver à medida que a experiência sensorial diminui.

Visão em declínio. À medida que a experiência sensorial se torna mais fraca, mude a atenção para o tiglé vermelho atrás. O processo de adormecer é familiar – a suavização e o embaçamento dos sentidos, a perda gradual das sensações. Normalmente, quando os apoios externos da identidade são perdidos, você se perde também, mas agora está aprendendo a existir sem nenhum apoio.

Visão em cessação. Quando a experiência sensorial estiver quase extinta, mova a consciência para o tiglé azul à direita. Esse é o período em que os sentidos estão bem quietos e quase não há contato com o mundo externo.

Visão ausente. Finalmente, quando o corpo entra completamente no sono e todo o contato com os sentidos do corpo é perdido, a consciência se funde totalmente com o tiglé central azul claro. Nesse momento, se você for bem-sucedido, o tiglé não será, na verdade, um objeto da consciência; você não visualizará uma luz azul nem definirá a experiência pela localização. Em vez disso, você será a própria clara luz; você deve permanecer nela durante o sono.

Observe que esses cinco estágios não se referem a aparências internas e mentais, mas à cessação gradual da experiência sensorial. Normalmente, a pessoa que está dormindo passa por esse processo sem consciência; com essa prática, o processo deve ocorrer com consciência. As etapas do processo não precisam ser claramente demarcadas. À medida que a consciência se afasta dos sentidos, permita que ela se mova suavemente pelos tiglés até que reste apenas a consciência não-dual – a clara luz do tiglé central. É como se o corpo estivesse descendo em espiral para o sono enquanto você desce em espiral para a clara luz. Em vez de tomar decisões conceituais para passar de um tiglé para o outro e em vez de tentar fazer o processo acontecer, permita que a intenção leve o processo a se desdobrar na experiência.

Se você despertar totalmente no meio da prática, comece novamente. Você não precisa ser rígido com respeito ao formato da prática. Tampouco importa se o processo ocorre de forma rápida ou lenta. Para algumas pessoas, o adormecimento é demorado; outras adormecem minutos depois que a cabeça toca o travesseiro. Ambas passam pela mesma transição. Uma agulha passa quase que instantaneamente por cinco folhas de gaze sobrepostas, mas ainda assim há cinco momentos em que ela passa por cada uma delas. Não seja muito analítico tentando distinguir os estágios, nem se prenda à divisão do processo em cinco etapas. A visualização é apenas um apoio inicial para a consciência. A essência da prática deve ser compreendida e aplicada, e não ficar perdida nos detalhes.

Em minha própria experiência, percebi que a prática também é eficaz quando nos engajamos com os tiglés na direção oposta. Assim, você visualiza o tiglé amarelo na frente, representando a terra;

o tiglé azul à direita, representando a água; o tiglé vermelho atrás, representando o fogo; o tiglé verde à esquerda, representando o ar; e, finalmente, o tiglé azul claro no centro, representando o espaço. Essa sequência é equivalente à sequência em que os elementos se dissolvem na morte. Você pode experimentar para determinar qual sequência funciona melhor para você.

Assim como na prática dos sonhos, tradicionalmente são realizadas mais três sessões de prática durante os períodos em que você se programa para acordar, com intervalos de aproximadamente duas horas. Depois de ter adquirido experiência, você pode usar os momentos naturais em que acorda durante a noite em vez dos períodos planejados para acordar. Repita a mesma prática em cada período em que estiver acordado. Sempre que acordar, examine a experiência do sono do qual acabou de despertar: Será que não havia nenhuma lucidez e, portanto, era o sono de ignorância? Você estava sonhando, perdido no sono samsárico? Ou você estava na clara luz, permanecendo na consciência pura?

Capítulo 27

Tiglé

Existem muitas definições de tiglé e, cada uma delas, é apropriada a diferentes contextos. No contexto desta prática, tiglé é uma pequena esfera de luz que representa qualidades específicas da consciência ou, no caso do tiglé central, representa rigpa. Embora, em última análise, a consciência deva ser estável sem a necessidade de se apoiar em nenhum objeto, até que essa capacidade seja desenvolvida, a luz é um apoio útil. A luz é brilhante e límpida. Embora ainda esteja no mundo da forma, ela é menos substancial do que qualquer outro objeto perceptível. A visualização dos tiglés é uma ponte, uma ajuda útil até que a própria luz perceptível possa ser abandonada e o praticante possa permanecer na consciência luminosa livre de imagens.

Ao visualizar o tiglé sobre as quatro pétalas azuis no chakra do coração, não é necessário tentar determinar o local anatômico exato. O importante é sentir o centro do corpo na região do coração. Use a consciência e a imaginação para encontrar o lugar correto, o lugar em que haja uma experiência que possa apoiá-lo.

As cores dos tiglés não são escolhidas aleatoriamente. A cor afeta a qualidade da consciência e as luzes coloridas têm o objetivo de evocar qualidades específicas que devem ser integradas à prática, da mesma forma que os chakras, as cores e as sílabas específicas constituem uma progressão no yoga dos sonhos. As diferentes qualidades podem ser experienciadas à medida que passamos de um tiglé para outro – amarelo, verde, vermelho, azul – conforme nos permitimos ser sensíveis às diferenças entre elas.

Essa não é uma prática desenhada para transformar nossa identidade; no yoga do sono, a identidade é completamente abandonada. O objetivo não é sustentar uma visualização, como pode acontecer em uma prática tântrica. No entanto, a mente precisa ter algo para se agarrar; se não utilizarmos a luz, ela se agarrará a alguma outra coisa.

Antes de termos experiência de rigpa, é difícil imaginar como podemos permanecer conscientes sem um sujeito nem um objeto de consciência. Normalmente, a consciência requer um objeto, que significa a consciência ser "sustentada" por uma forma ou atributo. As práticas em que o objeto visualizado ou a identidade subjetiva são dissolvidos treinam o praticante a permanecer consciente à medida que os apoios dualísticos para a consciência desaparecem. Elas nos preparam para o yoga do sono, mas não são como o próprio yoga do sono. Até mesmo a "prática" é um apoio. No yoga do sono de fato, não há apoio nem prática – o yoga é consumado quando a mente que depende do apoio se dissolve na base.

Capítulo 28

Progresso

Normalmente, quando dirigimos por uma rota conhecida, perdemos a consciência do presente. Mesmo durante um trajeto diário de quarenta e cinco minutos ou uma hora, poucas coisas são vistas de forma muito consciente. O motorista entra no piloto automático, perdido em pensamentos, lembranças, preocupações ou planos.

Então, nos tornamos praticantes e decidimos permanecer tão presentes quanto possível durante o trajeto para casa a fim de usar o tempo como uma oportunidade de fortalecer a mente para a prática. É muito difícil fazer isso devido ao condicionamento. A mente flutua para longe várias vezes. O praticante a traz de volta – a sensação do volante, a cor da grama ao longo da rodovia – mas isso dura apenas um minuto, até que a atividade da mente arraste a atenção para longe novamente.

O mesmo acontece com a prática da meditação. A mente é direcionada para a imagem de uma deidade, para a sílaba A ou para a respiração; um minuto depois, ela se perde novamente. Pode levar muito tempo, até mesmo anos, até que a presença possa ser mantida continuamente por meia hora.

Quando começamos a prática dos sonhos, seguimos uma progressão semelhante. A maioria dos sonhos são períodos de completa distração; o sonho é esquecido quase tão rapidamente quanto acontece.

Com a prática, surgem momentos de lucidez que aumentam gradualmente para longos minutos de presença lúcida no sonho. Ainda assim, a lucidez pode se perder, ou o próximo sonho pode novamente não ser lúcido. O progresso é feito, é certo e perceptível, mas requer diligência e uma forte intenção.

O desenvolvimento da prática do sono geralmente é ainda mais lento. Mas se, depois de praticar por um longo tempo, não houver progresso – se a presença não aumentar ou se não ocorrerem mudanças positivas perceptíveis na vida – é melhor não aceitar esse estado de coisas. Em vez disso, convém fazer práticas de purificação, examinar e curar compromissos rompidos (samaya) ou trabalhar com o prana e a energia do corpo. Podem ser necessárias outras práticas para eliminar obstáculos e servirem de base para a realização dos yogas do sonho e do sono.

O praticante é como uma videira que só consegue crescer onde há suporte. As circunstâncias externas têm uma forte influência na qualidade de vida, portanto, tente passar o tempo em ambientes e com pessoas que apoiem sua prática em vez de prejudicá-la. Ler livros sobre o Dharma, praticar meditação com outras pessoas, ouvir ensinamentos e se associar a outros praticantes pode ajudar. Temos a responsabilidade de avaliar honestamente nossa prática e seus resultados. Se não o fizermos, podemos facilmente passar muitos anos acreditando que estamos progredindo quando, na verdade, nada está acontecendo.

Capítulo 29

Obstáculos

O yoga do sono não é apenas uma prática para dormir. É a prática de permanecer na consciência clara continuamente, durante os quatro estados de vigília, sono, meditação e morte. Os obstáculos abordados neste capítulo são, na verdade, variações de um único obstáculo, que é ser afastado da clara luz e levado à experiência dualística e samsárica. Os obstáculos são os seguintes:

1. Perder a presença da clara luz natural do dia, distraído por fenômenos sensoriais ou mentais
2. Perder a presença da clara luz do sono, distraído por sonhos
3. Perder a presença da clara luz do samadhi (durante a meditação), distraído pelo pensamento
4. Perder a presença da clara luz da morte, distraído pelas visões do estado intermediário

1. Perder a presença da clara luz natural do dia. O obstáculo durante a vida de vigília são as aparências externas. Nós nos perdemos nas experiências, nas visões, nos objetos dos sentidos. Um som vem e nos leva para longe; sentimos o cheiro de pão assando e nos perdemos em um devaneio de pão fresquinho saindo do forno; o vento move nossos cabelos fazendo cócegas na nossa nuca, perdemos a consciência sem centro de rigpa e, em vez disso, nos tornamos um sujeito experimentando uma sensação como um objeto. Se permanecermos na luminosidade de rigpa, a experiência será diferente. Quando um som surge, estamos conectados ao silêncio no qual ele surge e não perdemos a presença. Quando uma imagem passa diante de nós, estamos enraizados na espaciosidade da consciência pura e não seguimos a mente em movimento. A maneira de superar o obstáculo da aparência externa é desenvolver estabilidade na clara luz natural.

2. Perder a presença da clara luz do sono. O obstáculo para a realização da clara luz do sono é o sonho. Quando um sonho surge, reagimos a ele de forma dualística e nos envolvemos na ficção de sermos sujeitos em um mundo de objetos. Isso é semelhante ao primeiro obstáculo, mas, neste caso, é interno em vez de externo. Dizemos que as imagens obscurecem a clara luz; no entanto, não é que o sonho de fato obscureça a claridade, mas nos distraímos e nos perdemos da claridade. É por isso que, no início da prática, rezamos para não termos nem o sono de ignorância nem o sono do sonho. Quando desenvolvemos estabilidade suficiente, o sonho não nos distrai mais e o resultado é o sonho de clara luz.

3. Perder a presença da clara luz do samadhi. A clara luz do samadhi é a clara luz meditativa ou clara luz da consciência. Esta é rigpa durante a prática da meditação. Os pensamentos são o obscurecimento da clara luz do samadhi. Quando os pensamentos surgem, nós nos envolvemos com eles e nos distraímos de rigpa. O antídoto é desenvolver estabilidade em rigpa durante a prática. Assim, qualquer pensamento que surgir pode ser integrado a rigpa; o pensamento surge e se dissolve, sem nos distrair ou nos afetar.

Isso não deve ser entendido como uma indicação de que a clara luz meditativa só pode ser encontrada após muitos anos de prática. A clara luz pode ser encontrada em cada momento da vida. O importante é que você seja apresentado a ela e seja capaz de reconhecê-la com certeza.

4. *Perder a presença da clara luz da morte.* A clara luz da morte é obscurecida pelas visões do bardo. A claridade de rigpa é perdida quando nos distraímos com as visões que surgem após a morte e entramos em um relacionamento dualístico com elas. Como acontece com os outros três obstáculos, essa perda não precisa ocorrer se houver estabilidade na clara luz.

A clara luz natural do dia é a mesma que a clara luz da noite. Conhecendo a clara luz do dia, podemos encontrar a clara luz durante o sono. A prática é conectar a clara luz natural da vida desperta à clara luz do sono e à clara luz do samadhi, até que possamos permanecer continuamente em rigpa pura.

O bardo não precisa obscurecer a clara luz da morte. Os pensamentos não precisam obscurecer a clara luz do samadhi. Os sonhos não precisam obscurecer a clara luz do sono. Os objetos externos não precisam obscurecer a clara luz natural.

Se estivermos iludidos por esses quatro obstáculos, não conseguiremos sair do samsara. Se tivermos consumado as práticas do sono e dos sonhos, saberemos como transformar esses obscurecimentos em caminho. Experiências e insights místicos, bem como todos os pensamentos, sentimentos e percepções, podem surgir na presença de rigpa. Quando isso acontecer, permita que eles se autoliberem espontaneamente, dissolvendo-se na vacuidade, sem deixar nenhum rastro kármico. Toda experiência será então direta, espontânea, vívida e gratificante.

A prática do sono não é apenas para dormir; é a prática de integrar todos os momentos – vigília e sono, sonhos e bardo – com a clara luz. Quando isso é alcançado, o resultado é a liberação.

Capítulo 30

Práticas de apoio

Este capítulo apresenta breves descrições de práticas que apoiam a prática principal do sono. A maioria delas são recomendações extraídas do Tantra Mãe.

Mestre

Para apoiar a prática do sono e fortalecer a devoção à sua verdadeira natureza, imagine o mestre no topo da cabeça e cultive a conexão e a devoção. A conexão com o mestre pode ter como base a pura devoção. Quando imaginar o mestre, vá além de apenas visualizar uma imagem: gere uma forte devoção e sinta sua presença. Reze com intensidade e sinceridade. Em seguida, dissolva o mestre em luz. Essa luz entra por sua coroa e desce até seu coração. Imagine que o mestre permanece ali, no centro de seu coração e, em seguida, adormeça.

A proximidade que você sente com o mestre é, na verdade, a proximidade que você sente em relação à sua própria natureza. Esse é o apoio do lama. Pode ser útil reler a seção sobre Guru Yoga encontrada na página 84 para uma explicação mais completa.

Dakini

Em um lótus radiante no coração, sentada sobre um disco de sol que se apoia no lótus, está a dakini Seljé Dö Drelma. Ela é clara, translúcida e luminosa, como uma luz brilhante. Sinta fortemente sua presença, sinta sua compaixão e amor. Ela está protegendo, ajudando e guiando você. Ela é a aliada com a qual você pode contar de todo o coração. Ela é a essência da clara luz, seu objetivo, a iluminação. Gere amor, confiança e respeito por ela. Ela é a iluminação que vem com a realização. Concentrando-se nela e rezando para ela, adormeça.

Comportamento

Vá para um lugar tranquilo onde não haja outras pessoas. Cubra seu corpo com cinzas. Coma alimentos pesados que ajudem a superar os distúrbios dos ventos. Em seguida, salte desenfreadamente, expressando totalmente o que está dentro de você, deixando sair tudo o que o bloqueia ou distrai. Não há ninguém por perto, portanto, deixe-se explodir se for necessário. Deixe que essa catarse limpe e relaxe você. Mobilize todas as suas tensões. Com grande fervor, reze para o mestre, para o yidam, para a dakini e para a árvore de refúgio; reze fortemente, pedindo a experiência de clara luz. Depois, durma dentro dessa experiência de despertar.

Oração

Se você ainda não teve experiências da clara luz do dia, da meditação e do sono, reze continuamente para obter esses resultados. É fácil esquecer o simples poder do desejo e da oração. Achamos que a oração deve ser algo extraordinário, direcionada a algum poder incrível externo a nós, mas não é esse o caso. O ponto importante é sentir fortemente a intenção e o desejo na oração, colocar nela todo o seu coração.

No passado, talvez, quando as pessoas diziam boa noite umas às outras, ou bom dia ou durma bem, houvesse algum poder nas palavras, algum sentimento. Agora, essas são apenas frases habituais que murmuramos com pouco sentimento ou significado. As mesmas palavras são usadas, são ditas no mesmo tom, mas não têm força. Tenha cuidado para não fazer isso com a oração. Saiba que a oração tem poder, mas que não está nas palavras; está no sentimento que você coloca na oração. Desenvolva a intenção, torne-a forte e coloque-a na oração.

Dissolução

Esse exercício pode lhe dar uma noção de como deve ser a concentração na prática. A prática começa com a luz e aquele que percebe a luz, mas a intenção é unificar os dois.

Relaxe completamente. Feche os olhos e comece visualizando o tiglé azul claro, do tamanho aproximado da impressão digital de um polegar, no centro do coração. Lentamente, deixe-o se expandir e se tornar mais difuso. É muito bom visualizar a luz do tiglé, mas é mais importante senti-la. Deixe a luz irradiar de seu coração. À medida que essa linda luz azul brilha, ela dissolve tudo o que toca. Dissolva o cômodo em que você está, a casa, a cidade, o estado, o país. Dissolva cada parte do mundo, o sistema solar, o universo inteiro. Cada ponto que a mente toca – seja um lugar, pessoa, coisa, pensamento, imagem ou sentimento – tudo se dissolve. Os três mundos do desejo, da forma e da não-forma se dissolvem. Quando tudo o que é externo estiver dissolvido na luz, deixe que a luz chegue até você. Permita que ela dissolva seu corpo, transformando-o em luz azul e se fundindo com a luz azul ao seu redor. Em seguida, dissolva sua mente – cada pensamento, cada evento mental. Dissolva tudo. Funda-se com a luz. Torne-se a luz. Agora não há mais interno ou externo, nem você ou não você. Não existe a noção de um mundo ou de um eu substancial. Há apenas a luminosidade no espaço do coração, que agora é um espaço que tudo permeia. A experiência ainda surge; permita que o que quer que surja se dissolva espontaneamente na luz azul. Deixe isso acontecer sem esforço. Há apenas luz. Em seguida, dissolva lentamente até mesmo a luz no espaço.

É aí que você deve permanecer durante o sono.

Expansão e contração

Esta prática é semelhante à anterior, porém mais formal, tendo como objetivo apoiar o yoga do sono. Visualize milhares de sílabas HUNG azuis saindo de ambas as narinas a cada expiração. Elas se originam no coração, sobem pelos canais e deixam as narinas com a respiração. À medida que se espalham, permeando todo o espaço e todas as dimensões, elas dissolvem tudo o que encontram. Sua luminosidade ilumina todo o espaço. Com a inspiração, a luz das sílabas HUNG retorna, iluminando e dissolvendo o corpo e a mente, até que não haja nada interno ou externo. Faça essa visualização até que haja apenas a luz de expansão e contração dos HUNGs. Dissolva-se nessa luz e permaneça no estado não-dual. Faça isso por vinte e uma respirações ou mais, se desejar. Pratique isso durante o dia sempre que possível.

A mente prega peças. Seu principal truque é identificar-se como o sujeito e depois considerar tudo o mais como separado desse sujeito. Nessa prática, tudo o que é percebido como externo a você é dissolvido na expiração. Aquele que percebe é dissolvido na inspiração. Tanto o exterior quanto o interior tornam-se luminosos e claros e se fundem um no outro, tornando-se indissociáveis. Sempre que a mente encontrar um caminho para a distração, deixe a consciência segui-la com sílabas HUNG azuis. Quando a mente encontrar um objeto, dissolva-o em luz. Quando a mente retornar e se fixar em si mesma como um sujeito, dissolva-o também. Por fim, até mesmo a sensação de solidez pode se dissolver, a sensação de aqui e ali, de objetos e sujeitos, de coisas e entidades.

A sílaba tibetana HUNG

Geralmente, pensamos em fazer esse tipo de prática como uma ajuda para gerar a experiência de clara luz, mas ela também é útil para prolongar a experiência depois que ela é conhecida e para apoiar a continuidade da experiência.

Capítulo 31

Integração

Uma vez que tenhamos reconhecido rigpa, toda a vida deve ser integrada a ela. Essa é a função da prática. A vida precisa tomar alguma forma; se não a moldarmos, ela tomará uma forma ditada pelo karma, que pode não nos agradar muito. À medida que a prática se integra cada vez mais à vida, muitas mudanças positivas ocorrerão.

Integração da clara luz com os três venenos

A clara luz deve ser integrada com os três venenos-raiz: ignorância, desejo e ódio.

O yoga do sono é usado para integrar o primeiro veneno, a ignorância, com a clara luz. Integrar o desejo à clara luz equivale a descobrir a clara luz durante o sono. Quando estamos perdidos na escuridão do sono, a clara luz está escondida de nós. Quando estamos perdidos no desejo, nossa verdadeira natureza também fica obscurecida, mas enquanto o sono de ignorância obscurece tudo completamente, incluindo até mesmo o senso de eu, o desejo obscurece rigpa em situações específicas. Ele cria uma forte separação entre o sujeito e o objeto do desejo. O "querer" é uma contração da consciência que surge do sentimento de falta que persistirá enquanto não repousarmos em nos-

| 245

sa verdadeira natureza. Embora o desejo mais puro seja o anseio pela inteireza e pela consumação da realização plena, por não conhecermos diretamente a natureza da mente, o desejo se apega a outras coisas.

Se observarmos o desejo diretamente, em vez de nos fixarmos no objeto do desejo, ele se dissolverá. Se pudermos permanecer na presença pura, o desejo, o sujeito que deseja e o objeto do desejo se dissolverão em sua essência vazia, revelando a clara luz.

Podemos também usar a satisfação do desejo como um meio de prática.

Existe alegria na união de vazio e luminosidade. Na iconografia tibetana, isso é representado nas figuras *yab yum*, as formas masculinas e femininas de deidades em união. Essas formas representam a união da sabedoria e do método, da vacuidade e da luminosidade, de kunzhi e rigpa. A alegria da união está presente em qualquer unificação de aparentes dualidades, incluindo o sujeito que deseja e o objeto desejado. No momento em que um desejo é totalmente satisfeito, ele se extingue. Há um momento em que somos livres. Quando isso acontece, a consciência clara é exposta, embora a força de nossos hábitos kármicos geralmente nos arraste para o próximo movimento de dualidade, deixando uma lacuna em nossa experiência – quase uma inconsciência – em vez da experiência de rigpa.

Por exemplo, existe a prática da união sexual. Normalmente, nossa experiência do orgasmo é como um devaneio agradável, quase inconsciente, exaurindo o desejo e a inquietude que surge dele por meio da satisfação do desejo. Podemos integrar esse êxtase com a consciência lúcida. Em vez de nos perdermos, se mantivermos a consciência plena sem separar a experiência em um sujeito observador e a experiência que está sendo observada, podemos usar essa situação para encontrar o sagrado. A mente que se move desaparece por um momento e revela a base vazia; integrando esse momento com a consciência, temos a integração do vazio e da bem-aventurança que é mencionada especialmente nos ensinamentos tântricos.

Há muitas situações nas quais normalmente nos perdemos e que, em vez disso, podem ser momentos em que encontramos nossa verdadeira natureza. Não nos perdemos apenas no orgasmo ou no prazer intenso. Nos pequenos prazeres, nós também costumamos perder a presença e ficamos presos às sensações ou aos objetos de prazer. Em vez disso, podemos treinar para que o prazer em si seja um lembrete para descansar na consciência plena; para trazer a consciência para o momento presente, o corpo e os sentidos; e para deixar de lado a distração. Essa é uma maneira de integrar o desejo à clara luz e não se limita a nenhuma categoria específica de experiência; pode ser feita em qualquer situação dualística em que haja sujeito e objeto. Quando o prazer é usado como uma porta para a prática, ele não é perdido; não precisamos ser "antiprazer". Quando o sujeito e o objeto se dissolvem na clara luz, surge a experiência de união da vacuidade com a claridade e, assim, há alegria.

A abordagem para o ódio ou aversão é semelhante. Se observarmos a raiva em vez de participarmos dela, de nos identificarmos com ela ou de sermos movidos por ela, a obsessão com o objeto da raiva cessa e a raiva se dissolve na vacuidade. Se conseguirmos manter a presença na vacuidade, o sujeito também se dissolverá. A presença nesse espaço vazio é a clara luz.

"Observar em presença pura" não significa que continuamos sendo um eu com raiva, observando a raiva, mas sim que somos rigpa, a consciência na qual a raiva está ocorrendo. Quando observada dessa forma, a raiva se dissolve no espaço vazio da mente. Essa é a claridade. Mas ainda há consciência, presença. Essa é a luz. A raiva não está mais obscurecendo a clara luz.

O Dzogchen não é complicado. Os textos do Dzogchen geralmente contêm frases como: "Sou tão simples que você não consegue me entender. Estou tão perto que você não consegue me ver". Quando olhamos para longe, perdemos a consciência do que está perto de nós. Quando olhamos para o futuro ou para o passado, perdemos o presente.

Os tibetanos têm um ditado: "Quanto mais a sabedoria estiver presente, menos pensamentos haverá". Isso sugere um processo de dupla via. À medida que a prática se tornar mais clara e estável, os pensamentos dominarão menos a experiência. Algumas pessoas têm medo disso, medo de que, se deixarem a raiva de lado, por exemplo, não conseguirão lidar com o que está errado no mundo, como se precisassem da raiva para se motivar. Mas isso não é necessariamente verdade. Como praticantes, é importante nos responsabilizarmos por nossas vidas convencionais. Quando coisas ruins acontecem, elas devem ser tratadas; quando algo está errado, deve ser resolvido. Mas se não percebermos nada de errado, não precisamos sair procurando. Em vez disso, permanecemos em nosso estado natural. Se sentirmos raiva, devemos trabalhar com ela. Mas se não tivermos raiva, não estaremos perdendo nada de importante.

Conheci muitas pessoas que declaram ser Dzogchenpas, praticantes do Dzogchen, e que são integradas. Há outro ditado tibetano que diz: "Quando subo para os lugares íngremes e difíceis nas fronteiras, rezo para as Três Joias. Quando desço para o belo vale florido, entoo canções". É fácil dizer que estamos integrados quando as coisas estão fáceis. Mas quando surge uma forte crise emocional, esse é o teste. Há uma precisão na prática do Dzogchen. Podemos descobrir por nós mesmos o quanto estamos integrados à prática prestando atenção em como reagimos às situações que surgem em nossa vida. Quando um parceiro vai embora, o parceiro que amamos profundamente, para onde vão as belas palavras de integração? Sentimos dor e até isso precisa ser integrado.

Integração com os ciclos do tempo

Tradicionalmente, as práticas são apresentadas em termos de visão, meditação e comportamento. Esta seção trata do comportamento. O comportamento é descrito em relação às unificações externas, internas e secretas com períodos de tempo.

Geralmente, perdemos energia e presença no decorrer do dia. Mas ao desenvolvermos a prática, aprendemos a usar a passagem do tempo para nos mover em direção a uma experiência mais estável da clara luz.

Unificação externa:
Integração da clara luz no ciclo de dia e noite

Para os propósitos da prática, o ciclo de vinte e quatro horas de dia e noite é dividido em períodos que podem ser usados como suporte para o desenvolvimento da continuidade na clara luz da presença pura. No passado, as pessoas seguiam os horários estabelecidos pelo ciclo natural do dia e da noite, mas isso não é mais assim. Se o seu horário for diferente – se, por exemplo, você trabalha à noite –, adapte os ensinamentos à sua situação. Embora a hora do dia nos afete energeticamente, não precisamos acreditar que a posição do sol determina as experiências descritas nos ensinamentos. Em vez disso, pense nessas horas do dia como metáforas para processos internos. O Tantra Mãe descreve os quatro períodos da seguinte forma:

1. Dissolução dos fenômenos na base
2. Atingimento do nirvana pela consciência
3. Surgimento da lucidez intrínseca na consciência
4. Equalização das duas verdades durante o estado de vigília

1. Dissolução dos fenômenos na base

O primeiro período corresponde ao período entre o pôr do sol e a hora de dormir à noite. Durante esse período, tudo parece estar escurecendo. Os objetos sensoriais tornam-se pouco nítidos. Os órgãos dos sentidos internos perdem força. O Tantra Mãe usa a metáfora de muitos rios pequenos se movendo em direção ao mar: os fenômenos externos, os sentidos, o eu convencional, os pensamentos, as emoções e a consciência estão se movendo em direção à dissolução no sono, na base.

Você pode usar a imaginação para vivenciar esse processo durante a noite. Em vez de seguir em direção à escuridão, mova-se em direção à luz maior de sua verdadeira natureza. Em vez de ficar fragmentado, espalhe-se pelos rios e afluentes da experiência e flua em direção à inteireza de rigpa. Normalmente, estamos conectados aos rios, que estão se esvaziando, mas a prática é permanecer conectado ao mar, à base, que está se enchendo. Tudo está se movendo em direção ao vasto, pacífico e radiante mar da clara luz. À medida que a noite se aproxima, flua em direção à completude na consciência não-dual em vez de fluir em direção à inconsciência.

Este é o primeiro dos quatro períodos.

2. *Atingimento do nirvana pela consciência*

O segundo período começa quando você adormece e termina quando você acorda pela manhã, tradicionalmente ao amanhecer. Imagine esse momento – a quietude, a tranquilidade. O texto diz que quando tudo escurece, surge uma luz. Isso é semelhante a um retiro no escuro, que é muito escuro quando você entra, mas logo se enche de luz.

Procure permanecer na presença durante o sono, totalmente integrado à clara luz. Depois que as aparências externas, os pensamentos e os sentimentos se dissolvem na base, e você permanece na presença, é quase como entrar no nirvana, no qual a experiência samsárica cessa. É vazio, mas há bem-aventurança. Essa realização é a união de bem-aventurança e vacuidade. Isso é ver a luz na escuridão.

Não é preciso esperar até adormecer para ter a experiência da clara luz. Procure permanecer na clara luz antes de adormecer. Mesmo enquanto estiver trabalhando com as visualizações do yoga do sono, permaneça em rigpa, se possível.

Esse é o segundo período, no qual os sentidos e a consciência são como uma mandala do céu claro. Contemple nesse estado o máximo possível até o amanhecer.

3. Surgimento da lucidez intrínseca na consciência

O terceiro período começa quando você desperta do sono e continua até que a mente esteja totalmente ativa. O texto diz que esse período vai da aurora até o sol nascer completamente. Imagine a qualidade desse período: os primeiros lampejos de luz aparecem no céu escuro e se expandem para a beleza do dia. O silêncio se enche de sons de atividades, de pássaros, de tráfego ou de pessoas. Internamente, é o movimento da quietude do sono para o envolvimento completo com a vida cotidiana.

Os ensinamentos recomendam acordar bem cedo pela manhã. Acorde, se possível, na natureza da mente e não na mente convencional. Observe sem se identificar com o observador. Isso pode ser um pouco mais fácil nos primeiros momentos do despertar porque a mente conceitual ainda não está totalmente desperta. Desenvolva a intenção de acordar em presença pura.

4. Equalização das duas verdades durante o estado de vigília

O quarto período começa quando você está totalmente envolvido com o dia e termina com o pôr do sol. Esse é o dia, o momento de atividade, de estar ocupado e de se relacionar com outras pessoas. É a imersão total no mundo, nas formas, na linguagem, nos sentimentos, nos cheiros e assim por diante. Os sentidos estão completamente ativos e ocupados com seus objetos. Ainda assim, você deve procurar permanecer na presença pura de rigpa.

Perdendo-se na experiência, você fica confuso com o mundo. Mas, permanecendo na natureza da mente, você não encontrará nenhuma pergunta a ser feita ou respondida. Permanecer na presença não-dual satisfaz a todos os questionamentos. Conhecer essa única coisa elimina todas as dúvidas.

Esse é o quarto período, no qual a verdade convencional e a verdade última são equalizadas na união de claridade e vacuidade.

Unificação interna:
Integração da clara luz no ciclo do sono

A progressão descrita aqui é semelhante à da seção anterior. Em vez de considerar o ciclo de vinte e quatro horas, ela se concentra no desenvolvimento da continuidade da presença durante um único ciclo de vigília e sono, seja um cochilo ou uma noite inteira. Antes de dormir, devemos nos lembrar de que temos a oportunidade de praticar. Isso é algo positivo, algo que podemos fazer tanto para a prática quanto para a saúde. Se a prática parecer um fardo, é melhor não fazê-la até desenvolvermos inspiração e esforço alegre.

Mais uma vez, temos quatro períodos:

1. Antes de adormecer
2. Depois de adormecer
3. Depois de acordar e antes de se envolver totalmente nas atividades do mundo
4. O período de atividade até o próximo período de sono

1. Antes de adormecer
Esse período vai desde o momento em que você se deita até o momento em que adormece. Toda experiência está se dissolvendo na base; os rios estão correndo para o mar.

2. Depois de adormecer
O Tantra Mãe compara esse estado ao dharmakaya, à clara luz. O mundo externo dos sentidos se esvaziou, mas a consciência permanece.

3. Depois de acordar
A claridade está presente, mas a mente que se agarra aos objetos ainda não acordou. Isso é como o sambhogakaya perfeito, vazio, mas com total claridade.

4. O período de atividade
Quando a mente que se agarra se torna ativa, esse exato momento é semelhante à manifestação do nirmanakaya. As atividades, os pensamentos e o mundo convencional "inicializam", mas a clara luz é mantida. O mundo das experiências se manifesta em nossa consciência.

Unificação secreta:
Integração da clara luz com o bardo

Essa prática está relacionada à integração da clara luz com o estado intermediário após a morte, o bardo. O processo da morte é semelhante ao processo de adormecer. Como nas seções anteriores, ela se divide em quatro estágios.

1. Dissolução
2. Surgimento
3. Experiência
4. Integração

1. Dissolução
No primeiro estágio da morte, quando os elementos do corpo começam a se desintegrar, a experiência sensorial se dissolve, as energias dos elementos internos são liberadas, as emoções cessam, a força vital se dissolve e a consciência se dissolve.

2. Surgimento
Esse é o primeiro bardo após a morte, o bardo primordialmente puro

(*kadag*). É como o momento de adormecer, normalmente um período de inconsciência. Nesse estágio, o yogue realizado pode soltar todas as identidades e atingir a liberação diretamente na clara luz.

3. Experiência
Surge o bardo da experiência visionária, o bardo da clara luz (*od-sal*). Isso é semelhante a emergir da escuridão do sono para um sonho, quando a consciência se manifesta de variadas formas. A maioria das pessoas se identificará com uma parte da experiência, constituindo um eu, reagindo aos objetos percebidos pela consciência, exatamente como em um sonho samsárico. Nesse bardo, o yogue preparado e realizado também pode alcançar a liberação.

4. Integração
Em seguida, passamos ao bardo da existência, *sidpa bardo*. O praticante preparado unifica a realidade convencional com rigpa. Essa é novamente a equalização das duas verdades, convencional e absoluta. Se essa capacidade não tiver sido desenvolvida, o indivíduo se identifica com o eu convencional ilusório e se relaciona dualisticamente com as projeções da mente que compõem a experiência visionária. O resultado é o renascimento em um dos seis reinos.

Esses quatro períodos são estágios do processo de morte. Devemos estar conscientes dentro deles para nos conectarmos à clara luz. Quando estivermos nos aproximando da morte, devemos, se possível, permanecer em rigpa antes que a experiência sensorial comece a se dissolver. Não espere até entrar no bardo. Quando a visão tiver desaparecido, mas a audição permanecer, por exemplo, esse é um sinal para ficarmos completamente presentes em vez de nos distrairmos com os outros sentidos. Solte-se completamente em rigpa; essa é a melhor preparação para o que está por vir.

Todas as práticas de sonho e sono são, de certa forma, preparações para a morte. A morte é uma encruzilhada: todos que morrem seguem um caminho ou outro. O que acontece depende da estabilidade da prática. Mesmo em uma morte súbita, como em um acidente de carro, há um momento em que se reconhece que a morte chegou, embora possa ser mais difícil. Logo após esse reconhecimento, é preciso buscar se integrar à natureza da mente.

Muitas pessoas já tiveram experiências de quase-morte. Elas relatam que, depois disso, o medo da morte desaparece. Isso porque elas viveram esse momento, elas sabem como é. Quando pensamos no momento da morte, não vivenciamos a realidade, mas sim uma fantasia em que há mais medo do que no momento da morte. Quando o medo desaparece, a integração com a prática se torna mais fácil.

As três unificações:
Conclusão

Todas essas três situações – o ciclo do dia de vinte e quatro horas, o ciclo de dormir e acordar e o processo da morte – seguem uma sequência semelhante. Primeiro, há a dissolução; depois, o dharmakaya, a vacuidade; em seguida, o sambhogakaya, a claridade; depois, o nirmanakaya, a manifestação. O princípio é sempre o mesmo: permanecer na presença não-dual. A divisão em processos – como nos yogas do sonho e do sono – é simplesmente para facilitar a consciência nos momentos que transcorrem, para nos dar algo para onde olhar, para treinarmos a usar experiências inevitáveis como apoio para a prática.

Não há interrupções no estado natural da mente, a não ser que nos separemos dele. Para conectar toda a experiência à prática, esteja atento. É claro que circunstâncias secundárias podem ser úteis para a prática; é por isso que o tempo é introduzido como uma circunstância secundária. O início da manhã é útil, ou o dia depois de não termos dormido, ou quando estamos exaustos, ou quando estamos completamente descansados. Há muitos momentos que favorecem a integração, como o momento de alívio que sentimos quando realmente precisamos ir ao banheiro e conseguimos ir, ou quando um trabalho difícil finalmente termina, ou quando estamos completamente exaustos por termos carregado algo pesado e depois colocamos no chão e descansamos. Até mesmo cada expiração, se for feita com consciência, é um suporte para a experiência de rigpa. Temos que nos aproximar daquilo que está sempre desperto; então, podemos acordar aquilo que está sonhando e dormindo. Quando nos identificamos com o que se cansa e adormece, o estado desperto fica obscurecido. Mas as nuvens nunca obscurecem verdadeiramente a luz do sol, apenas aquele que está percebendo o sol.

Capítulo 32

Continuidade

Por nos identificarmos habitualmente com as fabricações da mente, nós não encontramos a clara luz durante o sono. Pelo mesmo motivo, nossa vida em vigília é distraída, fantasiosa e pouco clara. Em vez de experienciarmos a consciência prístina, ficamos aprisionados nas experiências de fantasia e de projeções mentais.

No entanto, a consciência é contínua. Mesmo quando estamos dormindo, se alguém chamar nosso nome suavemente, nós ouvimos e respondemos. Durante o dia, mesmo quando estamos mais distraídos, permanecemos conscientes de nosso ambiente; nós não nos chocamos com as paredes. Nesse sentido, sempre há presença. Mas a consciência, embora incessante, fica confusa e obscurecida. Ao perfurarmos os obscurecimentos da ignorância à noite, entramos e permanecemos na clara luz radiante. E se perfurarmos as delusões e fantasias nebulosas da mente em movimento durante a vida em vigília, encontraremos a mesma consciência pura subjacente, nossa natureza búdica.

Os únicos limites para a prática são aqueles que nós mesmos criamos. É melhor não compartimentalizar a prática em períodos de meditação, sonhos, sono e assim por diante. Em última análise, praticamos para permanecer em rigpa em todos os momentos, acordados e dormindo. Até lá, a prática deve ser aplicada a cada momento. Não precisamos fazer todas as práticas que aprendemos. Experimente as práticas, tente entender sua essência e seus métodos e, então, descubra quais práticas de fato contribuem para o seu desenvolvimento e pratique até que a estabilidade em rigpa seja alcançada. Os componentes da prática são provisórios. A posição do corpo, as preparações, as visualizações e até mesmo o próprio sono não terão importância quando reconhecermos e permanecermos diretamente na clara luz.

A experiência da clara luz é alcançada por meio das particularidades da prática, mas, uma vez atingida, a prática não é mais necessária. Existe apenas a clara luz.

Parte Seis

Elaborações

A seguir você encontrará comentários adicionais relevantes para as práticas do yoga dos sonhos e do sono.

Capítulo 33

Contexto

A conexão entre aluno e professor é de importância central no Dzogchen. O aluno recebe ensinamentos, instruções e transmissões do professor. À medida que a prática do yoga dos sonhos e do sono progride, a compreensão dos pontos centrais dos ensinamentos ajuda o praticante a se manter orientado. A natureza da mente não pode ser apreendida por meio de conceitos, mas, sem ter alguma compreensão dos ensinamentos, é difícil reconhecer o que precisa ser reconhecido. Com uma compreensão clara, o praticante pode comparar sua experiência com os ensinamentos e desenvolver certeza. Se possível, essas experiências devem ser comparadas com os ensinamentos orais dados por um professor no decorrer de um relacionamento contínuo.

Embora seja útil, o entendimento conceitual não é suficiente. Sem experiência, os ensinamentos são filosofia abstrata ou dogma. Seria como aprender sobre medicina, mas não tratar a própria doença. Conhecer a visão é reconhecer a natureza da mente por meio da experiência: o praticante aprende o que é rigpa sendo rigpa. Permanecer na visão não é pensar sobre os ensinamentos, mas repousar na natureza da mente. Descobrimos a sabedoria que está além da mente conceitual ao descobrirmos que nossa natureza fundamental é essa sabedoria.

CAPÍTULO 34

Mente e rigpa

A liberação da ignorância e do sofrimento ocorre quando reconhecemos e permanecemos em nossa verdadeira natureza. A tarefa necessária é distinguir, experiencialmente, a mente conceitual da consciência pura da natureza da mente. A prática e a instrução são necessárias porque, como está escrito nos textos de Dzogchen: "Sou tão simples que você não consegue me entender. Estou tão perto que você não consegue me ver".

A mente conceitual

A mente conceitual ou aquela que está em constante movimento é a mente da experiência cotidiana, continuamente ocupada com pensamentos, memórias, imagens, fantasias e narrativas internas. É o que normalmente consideramos ser "eu" e "minha experiência". Nosso senso de identidade é criado e mantido pela atividade da mente em movimento pois nos consideramos um sujeito em um mundo de objetos. A mente em movimento é reativa, às vezes de forma descontrolada, mas mesmo quando calma e sutil – por exemplo, durante a meditação ou concentração intensa – ela sustenta a postura interna de uma entidade que observa e está separada de seu ambiente. Sua característica essencial é dividir instintivamente a experiência em sujeito e objeto, "eu" e "não eu".

O *Tantra Mãe* se refere a essa mente como a "mente de manifestação ativa". Se a mente em movimento ficar completamente imóvel, ela se dissolverá na natureza da mente e não surgirá novamente até que a atividade a reconstitua.

A mente conceitual não é uma obstrução por si só. Sem ela, não seríamos capazes de funcionar; não seríamos plenamente humanos. O problema não é a mente conceitual, mas a nossa identificação com ela e a nossa ignorância e distração em relação à natureza da mente. Essa identificação equivocada é o que constitui o ego. Por meio dele, vivemos em narrativas internas, afastados da experiência direta da radiância da vida que está disponível para nós a qualquer momento em que abandonamos a mente em movimento e descansamos na consciência clara da qual ela surge.

Rigpa

Rigpa significa "consciência" ou "conhecer". No Dzogchen, essa palavra tem um significado adicional pois se refere à natureza fundamental da mente; a consciência primordialmente pura subjacente a toda experiência e ao reconhecimento dessa natureza. Ela é vazia de identidade, mas cognoscente e luminosa. Sua atividade é a manifestação incessante: os fenômenos surgem infinitamente sem perturbá-la. É essa consciência que realizamos por meio da prática. Quando não é reconhecida, a natureza da mente se manifesta como a mente em movimento. Quando é conhecida diretamente, ela é tanto o caminho para a liberação quanto a própria liberação.

Os fenômenos surgem na consciência como os reflexos vazios que surgem em um espelho. Pensamentos, imagens, emoções, percepções sensoriais –todo tipo de experiência. Sem luz, não há imagens no espelho; sem consciência, não há experiência. A própria mente em movimento é uma aparência vazia na consciência. Ao nos identificarmos com a mente em movimento, vivemos como se fôssemos um dos reflexos no espelho, reagindo a aparências vazias, sofrendo com a confusão e com a dor. Tomamos os reflexos como a realidade e passamos a vida perseguindo ilusões. Quando a mente está livre de apego, aversão, embotamento e distração, ela relaxa na consciência não fabricada. Quando não há identificação com a aparência vazia do eu convencional, acolhemos sem esforço tudo o que surge. Não nos distraímos com os fenômenos do mundo e nem com os fenômenos mentais: eles não nos distraem e podemos responder em vez de reagir. Todos os estados e todos os fenômenos – até mesmo a raiva, o ciúme e etc – dissolvem-se na pureza e luminosidade de onde surgiram. Se o ódio surgir, o espelho se enche de ódio. Quando surge o amor, o espelho se enche de amor. Para o espelho, o amor e o ódio são igualmente manifestações da capacidade intrínseca do espelho de refletir.

A estabilização em rigpa facilita a realização de todas as outras aspirações espirituais. É mais fácil praticar a virtude quando se está livre do apego e da sensação de carência, é mais fácil sentir compaixão quando não estamos obcecados com nós mesmos e é mais fácil praticar a transformação quando estamos livres de identidades limitadas.

O resultado de permanecer inteiramente na natureza da mente são os três corpos (*kayas*) do buddha: o dharmakaya, que é a espaciosidade ilimitada da mente primordial e não-dual; o sambhogakaya, que é a manifestação incessante de fenômenos semelhantes a sonhos; e o nirmanakaya, que se manifesta como atividade compassiva espontânea e não deludida.

Permanecendo em rigpa, cortamos o karma pela raiz. Essa é a sabedoria semelhante ao espelho.

Rigpa da base e rigpa do caminho

No contexto da prática, falamos sobre rigpa da base e rigpa do caminho.

Rigpa da base é a consciência fundamental que tudo permeia – kunzhi (*khyabrig*). Todos os seres dotados de mente têm essa consciência, tanto os buddhas quanto os seres samsáricos. Os buddhas permanecem nessa consciência, mas nos seres não iluminados ela está obscurecida.

Nossa mente surge a partir dessa consciência primordial, que é nossa própria natureza e que pode ser reconhecida diretamente. Quando a reconhecemos, isso é chamado de surgimento da consciência intrínseca do caminho (*sam-rig*). Essa é a experiência da consciência intrínseca do indivíduo. É chamada rigpa do caminho porque se refere à realização direta de rigpa que os yogues alcançam quando praticam o Dzogchen ou o Mahamudra e são apresentados à natureza da mente.

Rigpa da base primordial está sempre presente: ela é presença. Mas nossa experiência dela no caminho é intermitente até que estejamos totalmente liberados. A primeira é como a nata e a segunda como a manteiga: elas são iguais, mas é preciso fazer algo para produzir a manteiga.

Isso é rigpa do surgimento ou do caminho porque a reconhecemos na prática e, depois, distraídos, nos identificamos outra vez com a mente em movimento. Nossa experiência é intermitente.

Capítulo 35

A base: kunzhi

Kunzhi é a união inseparável de vacuidade e claridade, da absoluta incondicionalidade aberta da realidade última e da exibição incessante de aparência e consciência. Kunzhi é a base ou a fundação da existência. É o espaço ilimitado da consciência sem fronteiras no qual todos os fenômenos surgem como aparências vazias. Kunzhi não tem interior nem exterior; não se pode dizer que exista (pois não é alguma coisa) ou que não exista (pois é a própria existência). Não pode ser destruído ou criado, não nasce e não morre.

O kunzhi é vazio como o céu, mas, ao contrário do céu, é cognoscente. Essa é a claridade ou o aspecto luminoso de kunzhi: a consciência. Isso não quer dizer que kunzhi seja um sujeito "consciente" dos objetos como entidades separadas. Em vez disso, kunzhi é a consciência ilimitada na qual todas as coisas surgem como aparências sem essência, semelhantes a sonhos. A vacuidade é a claridade, a claridade é a vacuidade.

Quando o sol se põe à noite, dizemos que a escuridão cai. Essa é a escuridão do ponto de vista de quem a percebe. Mas o espaço é sempre claro e pervasivo; ele não muda quando o sol nasce ou se põe; não há espaço escuro e espaço claro. Só há escuridão ou luz para aquele que percebe. Quando a lâmpada da consciência é acesa no praticante, o espaço de kunzhi é iluminado, mas kunzhi nunca foi escuro. A escuridão era a nossa consciência emaranhada com a mente ignorante.

(Kunzhi nos ensinamentos do Dzogchen não é sinônimo de kunzhi como é referido na escola sútrica Cittamatra, onde kunzhi (*alayavijnana*) descreve uma consciência mental neutra mas não desperta, que contém todas as categorias de atividade mental e marcas kármicas).

Mente e matéria

Se kunzhi é a base de tudo, então por que os seres sencientes podem se iluminar e a matéria não? No Dzogchen, isso é explicado por meio da analogia que compara um cristal e um pedaço de carvão.

Quando o sol brilha, o carvão, mesmo quando inundado de luz, não se torna luminoso. Ele não tem essa capacidade. Mas quando a luz do sol atinge um cristal, o cristal se enche de luz e a reflete em exibições multicoloridas. O cristal tem a capacidade de refletir; essa é sua natureza. A matéria não tem a capacidade reflexiva da consciência intrínseca, mas a natureza fundamental dos seres sencientes é a consciência intrínseca. As mentes dos seres sencientes refletem a luz da consciência primordial, e seu potencial é exibido nas projeções da mente ou na pura luz de rigpa.

CAPÍTULO 36

Cognoscência

Grande parte do budismo sútrico ensina que a pessoa comum não pode conhecer a vacuidade por meio da percepção direta, mas deve se basear na cognição inferencial. Na maioria das tradições sútricas, há discussões sobre como empregar a cognição inferencial e a razão para conhecer a vacuidade, mas pouco se fala sobre o reconhecimento da natureza da mente por meio dos sentidos. No sutra, somente o yogue que alcançou o terceiro caminho, o caminho da visão, tem a percepção ióguica direta da vacuidade, momento em que o yogue não é mais considerado um ser comum. Os ensinamentos do Dzogchen nos dizem que não apenas a natureza da mente pode ser apreendida diretamente na experiência sensorial, mas que é mais fácil e mais válido usar os sentidos nessa tarefa do que usar o intelecto. Os sentidos são os portões de acesso da percepção direta que, antes de ser interpretada pela mente conceitual, está muito próxima da consciência pura.

A mente conceitual não experiencia o mundo diretamente. Em vez disso, ela cria modelos e os projeta na experiência, confundindo-os com a realidade. Por exemplo, vemos uma mesa quando a luz é refletida da mesa, penetra o olho, é processada no cérebro e a experiência surge na mente como uma imagem. Achamos que estamos vendo uma mesa que existe fora de nós, mas o que estamos experienciando é uma imagem mental de uma mesa. Quando os olhos são fechados, a mesa não pode mais ser percebida diretamente e esse conjunto de fenômenos não faz mais parte da experiência do presente sensorial imediato. Mas a mente conceitual ainda consegue projetar uma imagem da mesa. Ela não precisa ficar centrada no presente físico, mas pode interagir com suas próprias fabricações, como acontece todas as noites nos sonhos e todos os dias nas histórias que contamos a nós mesmos e nas lembranças.

Até mesmo nos momentos de percepção mais direta, nós normalmente nos identificamos com um sujeito que percebe e a experiência continua sendo dualística. Mas no primeiro momento exato de contato entre a consciência e o objeto dos sentidos, a natureza nua da mente está presente. Por exemplo, quando somos bruscamente surpreendidos, há um momento em que todos os nossos sentidos estão abertos: não nos identificamos com a pessoa que experiencia e nem com a experiência, nenhuma história está sendo contada na mente. Normalmente, esse momento é uma espécie de inconsciência porque a mente em movimento com a qual nos identificamos foi, apenas por aquele momento, submetida a um choque de quietude. Muitas vezes, as pessoas dizem que "deu um branco". Nesse momento, não existe nem a pessoa que percebe nem aquilo que é percebido, apenas a experiência pura: nenhum pensamento, nenhum processo mental, nenhuma reação por parte de um sujeito ao estímulo de um objeto. Há apenas consciência aberta. Essa é a natureza fundamental da mente. Reconhecer e repousar nela é rigpa.

Capítulo 37

Reconhecer a claridade e a vacuidade

Reconhecer rigpa não é ter algum tipo de experiência de pico. Não é algo encontrado ao realizar uma ação ou ao se alterar. Não é um transe ou visões de luz. É o reconhecimento direto do que já temos, do que já somos. Quando há alguma expectativa em relação a rigpa, não conseguimos encontrá-la. A expectativa é uma fantasia; olhamos para além do que está presente.

Há pouco que possamos dizer sobre o espaço, portanto, normalmente o descrevemos em termos do que está nele ou do que não está. Isso é semelhante à maneira como falamos sobre a claridade vazia, a consciência. Embora ela seja a base de todos os fenômenos, nada pode ser afirmado sobre ela propriamente, porque não tem qualidades, atributos ou referências. Não se pode lidar com rigpa. Ela é encontrada quando a mente está relaxada e quando nenhum esforço é feito. Quando os pensamentos são deixados de lado, quando a mente em movimento é deixada de lado, quando o eu é deixado de lado, ali está rigpa. Se não reconhecermos rigpa onde estamos neste momento, não conseguiremos encontrá-la até pararmos de procurá-la. Ela está aqui, mais próxima de nós do que nossos pensamentos. Ela é a base da experiência.

Então, quando nos referimos à "experiência da clara luz", o que estamos querendo dizer? Não se trata de uma experiência que criamos por meio da prática. A prática é o reconhecimento da consciência sem limites e sem centro na qual toda experiência surge e na qual se dissolve. Quando a mente em movimento se dissolve na consciência pura, percebemos o que já somos. Essa é rigpa filha reconhecendo rigpa mãe; a consciência reconhecendo a si mesma.

Discriminação

Como praticantes, nós nos perguntamos se estamos conscientes de rigpa diretamente no momento presente ou se estamos distraídos dela pela mente em movimento. Ninguém mais pode nos dar a resposta.

O Tantra Mãe se refere à natureza da mente como "mente primordial". Ela é comparada ao oceano, enquanto a mente comum é como uma sequência de ondas, temporariamente identificável como esta ou aquela onda, embora nunca seja outra coisa senão o oceano. A mente em movimento também é comparada a bolhas no oceano da mente primordial, formando-se e dissolvendo-se de acordo com a força dos ventos kármicos, enquanto a natureza do oceano não muda.

Embora rigpa não possa ser capturada em palavras, os ensinamentos sugerem que o praticante compare sua experiência de rigpa com essas qualidades. Rigpa é como o céu da manhã: vívida, imaculada, expansiva, clara, fresca, quieta, vazia. Rigpa é como o espaço: vazia, imóvel, sem máculas, ilimitada e não é afetada pelo que surge dentro dela.

Capítulo 38

Eu

A palavra "eu" tem sido definida de forma diferente por várias religiões, filosofias e ciências, desde os tempos antigos até o presente. O Budismo Bön enfatiza a doutrina do não-eu ou da vacuidade (*sunyata*). Sem compreender a vacuidade, é difícil cortar a raiz do eu egoico e libertar-se de suas limitações. Mas quando lemos sobre a jornada espiritual, também lemos sobre autoliberação e autorrealização. E certamente parecemos ser um "eu". Podemos argumentar que não temos um eu, mas quando nossas vidas são ameaçadas ou algo é tirado de nós, o eu que afirmamos não existir pode ficar com muito medo ou perturbado.

De acordo com o Budismo Bön, o eu convencional existe. Caso contrário, ninguém criaria karma, sofreria e alcançaria a liberação. É o eu inerente que não existe. A ausência de um eu inerente significa que não há uma entidade central independente que seja imutável ao longo do tempo. Embora a natureza da mente não mude, ela não é uma entidade isolada, um "eu". A natureza da mente não é posse de um indivíduo e não é um indivíduo. Ela é a natureza da própria senciência e é a mesma para todos os seres sencientes.

Novamente, temos o exemplo dos reflexos em um espelho. Se nos concentrarmos nos reflexos, podemos dizer que há este reflexo e aquele outro reflexo, apontando para duas imagens diferentes. Elas aumentam e diminuem de tamanho, vão e vêm, e podemos vê-las se abraçando, demonstrando emoção e trabalhando em uma mesa como se fossem seres separados. Eles são como o eu convencional; os reflexos não são entidades independentes, mas sim um jogo de luz na luminosidade vazia do espelho. Eles existem como entidades separadas somente quando são conceitualizados como tal. Os reflexos são uma manifestação da natureza do espelho, assim como o eu convencional é uma manifestação que surge, permanece e se dissolve de volta na base vazia da consciência pura.

Imagine-se preenchendo formulários com informações sobre você. Você informa seu nome, sexo, idade, endereço, emprego e status de relacionamento. Você faz testes que descrevem seus traços de personalidade e escreve suas metas e sonhos, crenças, pensamentos, valores e medos. Agora imagine que tudo isso seja retirado. O que resta? Tire mais – seus amigos e sua casa, seu país e suas roupas. Você perde a capacidade de falar ou de pensar por meio da linguagem. Você perde suas memórias. Você perde seus sentidos. Onde está seu eu? Ele é o seu corpo? E se você perder seus braços e pernas, viver com um coração mecânico e uma máquina de pulmão, sofrer danos cerebrais e perder as funções mentais? Em que ponto você deixa de ser um eu? Se você continuar removendo as camadas de identidade e atributos, em algum momento não restará mais nada.

Você não é o mesmo eu que era quando criança. Não há nada que não mude. Na morte, os últimos vestígios do que parece ser um eu imutável desaparecem. Ao renascer, você pode ser um tipo de ser totalmente diferente, com um corpo diferente, um gênero diferente, uma capacidade mental diferente. Não é que você não seja um indivíduo – obviamente você é – mas todos os indivíduos são destituídos de existência independente. O eu convencional existe como uma fabricação que surge momento a momento, como o reflexo em um espelho ou o fluxo de pensamentos que surgem incessantemente na mente. Os pensamentos existem como pensamentos, mas quando são examinados na meditação, eles se dissolvem no vazio do qual surgiram. O mesmo acontece com o eu convencional: quando examinado profundamente, ele se revela apenas como uma construção conceitual atribuída a uma constelação de eventos em constante mudança. Assim como os pensamentos continuam a surgir, o mesmo acontece com nossas identidades provisórias. Identificar-se erroneamente com o eu convencional e considerar-se um sujeito em um mundo de objetos é o fundamento da visão dualística e a raiz do samsara.

Quando permanecemos em nossa verdadeira natureza, o sonho que é nosso eu convencional se dissolve na vacuidade e na claridade luminosa. E, então, despertamos.

Considerações finais

Os yogas do sonho e do sono não são práticas comuns para os tibetanos. Tradicionalmente, elas não são oferecidas a praticantes iniciantes ou ensinadas de forma ampla. Mas as coisas mudaram. Estou ensinando essas práticas porque muitas pessoas no Ocidente têm interesse em sonhos, no sonhar e no trabalho com sonhos. Em geral, esse interesse está relacionado ao aspecto psicológico. Espero que, ao apresentar esses ensinamentos, o trabalho com sonhos possa avançar para algo mais profundo. O trabalho psicológico com sonhos pode criar mais felicidade e satisfação no samsara e isso é bom, mas se a meta for a realização plena, é preciso algo mais. É nesse ponto que o yoga do sono é particularmente importante. Ele está no centro da prática da Grande Perfeição, do Dzogchen, que pode ser resumida da seguinte forma: em cada momento da vida – vigília, sonho e sono – permaneça na consciência pura. Esse é o caminho seguro para a iluminação e o caminho que todos os mestres realizados trilharam. Essa é a essência do yoga do sono.

Como podemos ter a experiência da clara luz? Acho que é importante refletir sobre essa pergunta pois ela tem a ver com sua atitude em relação ao ensinamento. Todos os ensinamentos têm uma única essência. Estou me referindo a rigpa, à clara luz. Não importa o quanto você aprenda, quantos textos estude, quantos ensinamentos receba – você não terá entendido o ponto principal se não conhecer diretamente a natureza fundamental de sua própria mente. Os tibetanos têm um ditado: "Você pode receber muitos ensinamentos e ficar com a cabeça achatada de tanto ser tocada com o vaso de iniciação, mas se não conhecer a essência, nada mudará".

Quando não temos esse reconhecimento direto, os ensinamentos parecem se referir a algo impossível porque a natureza da mente está além da mente conceitual e esta não consegue compreendê-la. Tentar compreender a natureza da mente por meio de conceitos é como tentar entender a natureza do sol estudando as sombras – pode-se aprender algo, mas a essência permanece desconhecida. É por isso que a prática é necessária, para ir além da mente conceitual e conhecer a natureza da mente diretamente. Ela está disponível a todo momento.

Algumas pessoas acabam se sentindo oprimidas pelo tanto de ensinamentos que acumulam. Isso se deve a uma compreensão errônea do caminho. Continue aprendendo e recebendo ensinamentos, mas desenvolva uma compreensão profunda o suficiente para que você possa extrair deles o que o apoia no caminho. Quando você compreende e aplica os ensinamentos, eles deixam de ser uma obrigação. Eles são um caminho para a liberdade, e há alegria em seguir esse caminho. Mas eles podem parecer um fardo se a pessoa ficar enredada em suas formas sem perceber seu propósito de forma experiencial.

Não se deixe aprisionar pela prática. O que isso significa? Se você continua praticando por um longo tempo sem resultados, sem mudanças positivas, a prática não está sendo eficaz. O simples fato de fazer as coisas sem compreensão, experiência e benefícios não traz grandes resultados. Você precisa penetrar na prática com entendimento, determinar qual é sua essência e como deve ser aplicada.

O dharma é flexível. Isso não significa que você deva jogar fora a tradição. As práticas são poderosas e eficazes. Elas têm sido o veículo para inúmeras pessoas realizarem a liberação. Se não houver resultados com a prática, é preciso fazer experimentações para tentar descobrir o propósito da prática e como progredir. O melhor é consultar seu professor. Quando você entender as práticas, verá que a forma não é o problema; é a aplicação da forma que precisa ser aperfeiçoada.

A prática existe para você, e não você para ela. Aprenda a forma, entenda o propósito, coloque-a em prática e alcance o resultado.

Em que ponto a prática finalmente se conclui? No processo da morte, no estado intermediário, no bardo. O bardo após a morte é como um grande aeroporto pelo qual todos têm de passar em suas viagens. É uma fronteira entre o samsara e o nirvana. A capacidade de permanecer na presença não-dual é o passaporte que permite a entrada no nirvana. Se você puder se integrar com a clara luz do sono, então poderá se integrar com a clara luz da morte. Integrar-se à clara luz da morte significa encontrar o Buddha dentro de si mesmo e ser capaz de perceber diretamente que tudo que surge é uma aparência sem essência.

A presença de rigpa prossegue deste mundo para o próximo, portanto, pratique para vivenciá-la agora, para se transformar e permanecer nela. Esse é o caminho; a continuidade da claridade e da sabedoria incessante. Todos os seres que alcançaram a iluminação e se tornaram buddhas cruzaram a fronteira e entraram na clara luz. Saiba disso e, assim, entenderá para o que está se preparando. Tente ter uma noção da totalidade dos ensinamentos, de onde você está e para onde está indo. Assim, você saberá como praticar corretamente e quais serão os resultados. Os ensinamentos são como um mapa que pode lhe dizer para onde ir, onde encontrar o que está procurando. O mapa torna tudo mais claro. Sem ele, você pode se perder.

Grandes mestres escreveram que praticaram continuamente por muitos anos para realizar o yoga do sono; portanto, não fique desanimado se não tiver experiência na primeira, na centésima ou na milésima vez que tentar. Só o fato de fazer a prática já traz benefícios. A continuidade é a chave e, com consciência e intenção, ela pode ser desenvolvida.

A clara luz é a alegria mais elevada e a paz mais grandiosa. Todo indivíduo experimenta pelo menos alguns momentos de paz e alegria, portanto, se a clara luz parecer um objetivo distante, tente simplesmente manter continuamente a experiência de paz e alegria. Talvez você sinta alegria ao se lembrar do mestre ou da dakini, ou talvez você sinta paz ao observar a beleza do mundo natural. Faça dessas coisas uma prática. Em seguida, pratique gerar alegria e paz em situações e estados de humor mais e mais difíceis e com a maior frequência possível. Sinta essas qualidades em seu corpo, veja-as no mundo e deseje-as para os outros. Mantenha essa prática de forma consistente e você desenvolverá flexibilidade mental tal como faz nos sonhos lúcidos: transformando intencionalmente a experiência e a identidade. À medida que avançar, você se sentirá mais feliz e se tornará uma influência positiva na vida ao seu redor. Mais importante ainda é utilizar esta prática para desenvolver a continuidade da estabilidade na consciência clara. Esta é a prática essencial.

Traga todo o seu ser para a prática; com forte intenção e esforço alegre, você certamente verá sua vida mudar de forma positiva e, com certeza, alcançará a realização.

Espero que aqueles que lerem este livro descubram um novo conhecimento sobre o sonho e o sono, que ajude a melhorar sua vida no dia a dia e que, por fim, conduza à liberação.

Glossário

bardo (Tib., *bar do*; Sânsc, *antarabhāva*). Bardo significa "estado intermediário" e refere-se a qualquer estado transitório de existência – vida, meditação, sonho, morte – mas, mais comumente, ao estado intermediário entre a morte e o renascimento.

Bön (Tib., *bon*). O Bön é a tradição espiritual indígena do Tibete que precede o budismo indiano. Embora os estudiosos discordem sobre sua origem, a própria tradição afirma ter uma linhagem ininterrupta de dezessete mil anos. Semelhante às seitas budistas tibetanas, especialmente a Nyingma, o Bön se distingue por uma iconografia distinta, uma rica tradição xamânica e uma linhagem separada que remonta ao Buddha Shenrab Miwoche e não ao Buddha Shakyamuni. Os nove veículos do Bön contêm ensinamentos sobre questões práticas, como gramática, astrologia, medicina, predição, pacificação de espíritos e assim por diante, bem como ensinamentos sobre lógica, epistemologia, metafísica, os diferentes níveis de tantra e linhagens completas da Grande Perfeição (Dzogchen).

canal (Tib., *tsa*; Sânsc., *nāḍi*). Os canais são as "veias" do sistema de circulação energética do corpo, através das quais fluem as correntes de energia sutil que sustentam e vitalizam a vida. Os canais em si são energéticos e não podem ser encontrados na dimensão física. Entretanto, por meio da prática ou da sensibilidade natural, os indivíduos podem se tornar experiencialmente conscientes dos canais.

chakra (Tib., *khor-lo*; Sânsc., *cakra*). Literalmente, "roda" ou "círculo". Chakra é uma palavra sânscrita que se refere aos centros energéticos do corpo. Um chakra é um local no qual vários canais energéticos (tsa) se encontram. Diferentes sistemas de meditação trabalham com diferentes chakras.

chöd (Tib., *gcod*). Literalmente, "cortar" ou "atravessar". Também conhecido como o "uso conveniente do medo" e o "cultivo da generosidade", o chöd é uma prática ritual destinada a remover todo o apego ao próprio corpo e ao ego, oferecendo apaixonadamente tudo o que se é a outros seres. Para isso, a prática envolve uma evocação elaborada de várias classes de seres e o subsequente corte imaginário e transformação do corpo do praticante em objetos e substâncias de oferenda. O chöd utiliza cantos melodiosos, tambores, sinos e trombetas, e geralmente é praticado em locais que incitam o medo, como terrenos de cremação, cemitérios e passagens remotas nas montanhas.

dakini (Tib., *mkha'gro ma*). O equivalente tibetano de dakini é khadroma, que significa literalmente "viajante feminina do céu". "Céu" refere-se à vacuidade, e a dakini viaja nessa vacuidade; ou seja, ela age na plena realização da vacuidade, na realidade absoluta. Uma dakini pode ser uma humana que realizou sua verdadeira natureza, uma mulher ou deusa não humana ou uma manifestação direta da mente iluminada. Dakini também se refere a uma classe de seres nascidos no reino puro das dakinis.

dharma (Tib., *chos*). Dharma é um termo muito amplo e tem muitos significados. No contexto deste livro, dharma são os ensinamentos espirituais que, em última análise, derivam dos buddhas e do próprio caminho espiritual. Dharma também significa existência.

dharmakaya (Tib., *chos sku*). Diz-se que um buddha possui três corpos (kayas): dharmakaya, sambhogakaya e nirmanakaya. O dharmakaya, muitas vezes traduzido como o "corpo da verdade", refere-se à natureza absoluta do buddha, que todos os buddhas têm em comum e que é idêntica à natureza absoluta de tudo o que existe: a vacuidade. O dharmakaya é não-dual, vazio de conceitualidade e livre de todas as características. (Veja também **nirmanakaya** e **sambhogakaya**).

Dzogchen (Tib., *rdzogs chen*). A "Grande Perfeição" ou "Grande Completude". O Dzogchen é considerado o ensinamento e a prática mais elevados, tanto na escola Bön quanto na escola Nyingma do budismo tibetano. Seu princípio fundamental é que a realidade, incluindo o indivíduo, já é completa e perfeita, que nada precisa ser transformado (como no tantra) ou renunciado (como no sutra), mas apenas reconhecido pelo que realmente é. A prática essencial do Dzogchen é a "autoliberação" – permitir que tudo o que surge na experiência exista exatamente como é, sem elaboração pela mente conceitual, sem apego ou aversão.

gong-ter (Tib., *gong gter*). Na cultura tibetana existe a tradição dos termas:

objetos sagrados, textos ou ensinamentos ocultados pelos mestres de uma era para o benefício da era futura na qual os termos são encontrados. Os mestres tântricos que revelam os termos são conhecidos como tertons, ou "descobridores de tesouros". Os termas têm sido e podem ser encontrados em locais físicos, como cavernas ou cemitérios; descobertos em elementos como água, madeira, terra ou espaço; recebidos em sonhos ou experiências visionárias; e encontrados diretamente em níveis profundos da consciência. Este último caso é conhecido como gong-ter, "tesouro de mente".

guardiões (Tib., *srung ma / chos skyong*; Sânsc., *dharmapāla*). Os guardiões são seres masculinos ou femininos que se comprometem a proteger o dharma (ensinamentos) e os praticantes dos ensinamentos. Eles podem ser protetores mundanos ou manifestações iradas de seres iluminados. Os praticantes tântricos geralmente pacificam e confiam nos guardiões associados à sua linhagem.

jalus (Tib., *'ja lus*). "Corpo de arco-íris". O sinal da plena realização no Dzogchen é o atingimento do corpo de arco-íris. O praticante realizado do Dzogchen, não mais deludido pela substancialidade aparente ou por dualismos como mente e matéria, libera a energia dos elementos que compõem o corpo físico no momento da morte. O próprio corpo é dissolvido, restando apenas cabelos e unhas, e o praticante adentra conscientemente a morte.

karma (Tib., *las*). *Karma* significa literalmente "ação", mas, de forma mais ampla, refere-se à lei de causa e efeito. Qualquer ação realizada física, verbal ou mentalmente serve como uma "semente" que produzirá o "fruto" de suas consequências no futuro, quando as condições forem adequadas para sua realização. As ações positivas têm efeitos positivos, como a felicidade; as ações negativas têm efeitos negativos, como a infelicidade. O karma não significa que a vida é determinada, mas que as condições surgem de ações passadas.

kármica, marca (ou traço) (Tib., *bag chags*). Toda ação – física, verbal ou mental – realizada por um indivíduo, se executada com intenção e até mesmo com a menor intensidade de aversão ou desejo, deixa uma marca na corrente mental desse indivíduo. O acúmulo dessas marcas kármicas serve para condicionar positiva e negativamente cada momento da experiência desse indivíduo.

kunzhi (Tib., *kun gzhi*). No Bön, o kunzhi é a base de tudo o que existe, inclusive o indivíduo. Não é sinônimo de alayavijnana definido no Yogacara, que é mais parecido com o **kunzhi namshe** (veja o próximo termo). O kunzhi é a união de vacuidade e claridade, da absoluta indeterminação aberta da realidade última e da exibição incessante de aparência e consciência. É a base ou o fundamento do ser.

kunzhi namshe (Tib., *kun gzhi rnam shes*; Sânsc., *ālaya vijñāna*). O kunzhi namshe é a consciência básica do indivíduo. É o "repositório" ou "depósito" no qual as marcas kármicas são armazenadas, de onde surge a experiência condicionada futura.

lama (Tib., *bla ma*; Sânsc., guru). Lama significa literalmente "mãe suprema". O termo refere-se a um professor espiritual, que é de importância inigualável para o aluno praticante. Na tradição tibetana, o lama é considerado mais importante até mesmo do que o Buddha pois é ele quem traz os ensinamentos à vida para o aluno. Em um nível último, o lama é a própria natureza búdica do aluno. Em um nível relativo, o lama é o professor pessoal do aluno.

loka (Tib., *'jig rten*). Literalmente "mundo" ou "sistema de mundos". Loka é comumente usado em inglês para se referir aos seis reinos da existência cíclica, mas, na verdade, se refere aos sistemas de mundos mais amplos, um dos quais é ocupado pelos seis reinos. (Veja também **seis reinos da existência cíclica**).

lung (Tib., *rlung*; Sânsc., *vāyu*). Lung é a energia vital do vento, comumente conhecida no Ocidente por um de seus nomes em sânscrito, prana. Lung tem uma ampla gama de significados; no contexto deste livro, ele se refere à energia vital da qual dependem a vitalidade do corpo e a consciência.

ma-rigpa (Tib., *ma rig pa*; Sânsc., *avidyā*). Ignorância. O não reconhecimento da verdade, da base ou do kunzhi. Frequentemente, são descritas duas categorias de ma-rigpa: ignorância inata e ignorância cultural.

nirmanakaya (Tib., *sprul sku*; Sânsc., *nirmāṇakāya*). O nirmanakaya é o "corpo de emanação" do dharmakaya. Normalmente, refere-se à manifestação física e visível de um buddha. O termo também está relacionado com a dimensão da fisicalidade. (Veja também **dharmakaya** e **sambhogakaya**).

prana (Veja **lung**.)

rigpa (Tib., *rig pa*; sânsc., *vidyā*). Literalmente, "consciência" ou "saber". Nos ensinamentos Dzogchen, rigpa significa consciência da verdade, consciência lúcida intrínseca, a verdadeira natureza do indivíduo.

rinpoche (Tib., *rin po che*). Literalmente, "precioso". Um título de honra amplamente usado para se dirigir a um lama encarnado.

samaya (Tib., *dam tshig*; Sânsc., *samaya*). "Compromisso" ou "voto". De maneira geral, refere-se ao compromisso que o praticante assume em relação à prática tântrica, no que diz respeito a comportamentos e ações. Há votos genéricos e votos específicos para determinadas práticas tântricas.

sambhogakaya (Tib., *longs sku*; Sânsc., *sambhogakaya*). O "corpo de fruição" do buddha. O sambhogakaya é um corpo feito inteiramente de luz. Essa forma é frequentemente visualizada em práticas tântricas e sútricas. No Dzogchen, a imagem do dharmakaya é visualizada com mais frequência. (Veja também **dharmakaya** e **nirmanakaya**).

samsara (Tib., *'khor ba*). O reino do sofrimento que surge da mente obstruída e dualística, onde todas as entidades são impermanentes e destituídas de existência inerente, e onde todos os seres sencientes estão sujeitos ao sofrimento. O samsara inclui os seis reinos da existência cíclica, mas, de forma mais ampla, refere-se ao modo característico de existência dos seres sencientes que sofrem por estarem presos nas delusões da ignorância e da dualidade. O samsara termina quando um ser atinge a liberação total da ignorância, ou nirvana.

Shenlha Ökar (Tib., *gShen lha 'od dkar*). Shenlha Ökar é a forma sambhogakaya de Shenrab Miwoche, o buddha que fundou o Bön.

Shenrab Miwoche (Tib., *gShen rab mi bo che*). Shenrab Miwoche foi o buddha nirmanakaya que fundou a tradição Bön e acredita-se que tenha vivido há dezessete mil anos. Há quinze volumes de biografia de Shenrab Miwoche na literatura Bön.

seis reinos da existência cíclica (Tib., *rigs drug*). Comumente chamados de "seis reinos" ou "seis lokas". Os seis reinos são seis classes de seres: deuses, semideuses, humanos, animais, fantasmas famintos e seres dos infernos. Nos seis reinos, os seres estão sujeitos ao sofrimento. São reinos literais, nos quais os seres nascem, e também amplas faixas experienciais e afetivas de experiência potencial que moldam e limitam a experiência até mesmo em nossas vidas atuais. (Veja também **loka**.)

sutra (Tib., *mdo*). Os sutras são textos compostos de ensinamentos que vieram diretamente do Buddha histórico. Os ensinamentos dos sutras são baseados no caminho da renúncia e formam a base da vida monástica.

tantra (Tib., *rgyud*). Os tantras são ensinamentos dos buddhas, assim como os sutras, mas muitos tantras foram redescobertos por yogues da tradição terma. Os tantras baseiam-se no caminho da transformação e incluem práticas como o trabalho com a energia do corpo, a transferência de consciência, yogas do sonho e do sono e assim por diante. Certas classes de tantras, do caminho da transformação não-gradual, também podem conter ensinamentos sobre Dzogchen.

Tapihritsa (Tib., *Ta pi hri tsa*). Embora seja considerado uma pessoa histórica, Tapihritsa é representado iconograficamente como um buddha dharmakaya, nu e sem ornamentos, personificando a realidade absoluta. Ele é um dos dois principais mestres da linhagem Dzogchen do Zhang Zhung Nyan Gyud.

três venenos-raiz. Trata-se da ignorância, da aversão e do desejo, as três aflições fundamentais que perpetuam a continuidade da vida nos reinos do sofrimento.

tiglé (Tib., *thig le*; Sânsc., *bindu*). Tiglé tem vários significados, dependendo do contexto. Embora geralmente seja traduzido como "gota" ou "ponto seminal", no contexto dos yogas do sonho e do sono, tiglé se refere a uma esfera luminosa de luz que representa uma determinada qualidade de consciência e é usada como foco na prática da meditação.

tsa (Veja canal)

yidam (Tib., *yid dam*; Sânsc., *devatā*). O yidam é uma deidade tutelar ou meditativa que corporifica um aspecto da mente iluminada. Há quatro categorias de yidams: pacíficos, incrementadores, poderosos e irados. Os yidams se manifestam nessas diferentes formas para superar forças negativas específicas.

yogue (Tib., *rnal 'byor pa*). Praticante masculino de yogas meditativos, tais quais os yogas do sonho e do sono.

yoguine (Tib., *rnal 'byor ma*). Praticante feminina de yogas meditativos.

Zhang Zhung Nyan Gyud (Tib., *Zhang Zhung snyan rgyud*). O Zhang Zhung Nyan Gyud é um dos mais importantes ciclos de ensinamentos Dzogchen no Bön. Ele pertence à série de ensinamentos *upadesha*.

zhiné (Tib., *zhi gnas*; Sânsc., *śamatha*). "Calmo permanecer" ou "tranquilidade". A prática do calmo permanecer utiliza o foco em um objeto externo ou interno para desenvolver concentração e estabilidade mental. O calmo permanecer é uma prática fundamental, a base para o desenvolvimento de todas as outras práticas de meditação mais elevadas, e é necessária tanto para o yoga do sonho quanto para o yoga do sono.

Obras tibetanas consultadas

Druton Gyalwa Yungdrung (Bru ston rgyal ba g.yung drung), ed. *A khrid thun mtshams bco lnga dang cha lag bcas pa*. Lhasa: Bod ljongs mi dmangs dpe skrun khang, 2009. BDRC W1PD105878.

Lokesh Chandra and Tenzin Namdak, eds. *rDzogs pa chen po zhang zhung snyan rgyud bka' rgyud skor bzhi*. Nova Delhi: International Academy of Indian Culture, 1968.

Milu Samlek (Mi lus bsam legs). Ma rgyud thugs rje nyi ma'i gnyid pa lam du khyer ba'i 'grel pa. Vol. 18 de Gangs ti se bon gzhung rig mdzod dpe tshogs chen mo, 381–99. N.p.: 2009. BDRC W1KG14500.

———. Ma rgyud thugs rje nyi ma'i rmi ba lam du khyer ba'i 'grel ba. Vol. 18 de Gangs ti se bon gzhung rig mdzod dpe tshogs chen mo, 327–45. N.p.: 2009. BDRC W1KG14500.

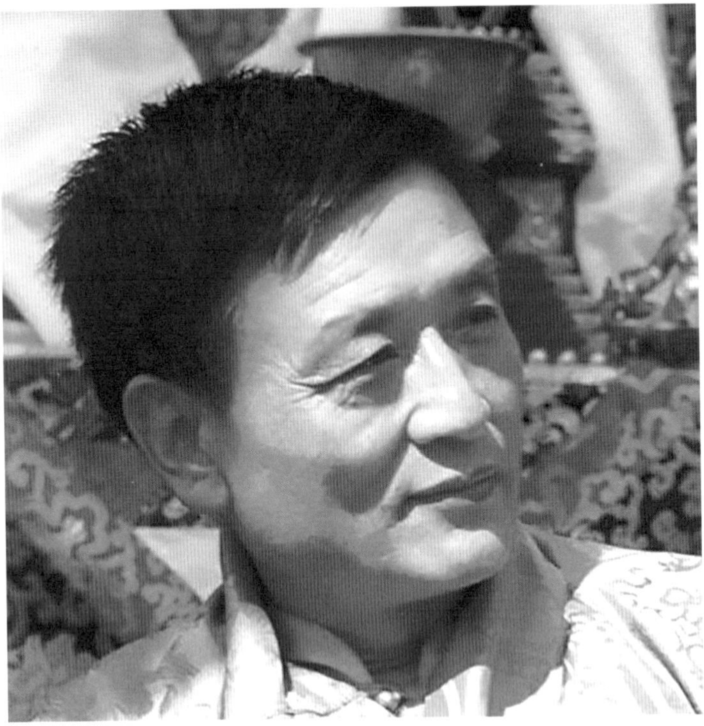

Sobre o autor

Tenzin Wangyal Rinpoche tem alunos em vinte e cinco países e dá ensinamentos em vários locais na Europa, nos Estados Unidos, no México, na América Central e do Sul e na Ásia. Para obter informações sobre sua agenda e a de outros professores, visite o site da comunidade Ligmincha em www.ligmincha.org.

edição	1ª | dezembro de 2023
tiragem	2ª | agosto de 2025
impressão	Editora Vozes
papel de miolo	Avena 80 g/m²
papel de capa	cartão supremo 250 g/m²
tipografia	Garamond Premier Pro

Os livros da Editora Lúcida Letra são como pontes para conectar as pessoas às fontes de sabedoria.

Para informações sobre lançamentos de livros sobre budismo e meditação acesse lucidaletra.com.br